Mobbing und Cybermobbing – wirksam vorbeugen und eingreifen

Mirjam Steves

Arbeitsblätter für Jugendliche

Verlag an der Ruhr

Titel
Mobbing und Cybermobbing – wirksam vorbeugen und eingreifen
Arbeitsblätter für Jugendliche

Autorin
Mirjam Steves

Titelbildmotiv
Sylverarts – Fotolia.com

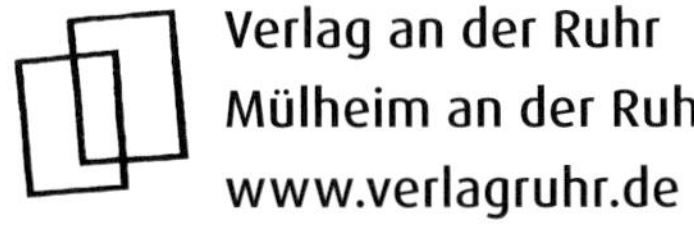

Verlag an der Ruhr
Mülheim an der Ruhr
www.verlagruhr.de

Geeignet für die Klassen 5–10

Unser Beitrag zum Umweltschutz:
Wir sind seit 2008 ein ÖKOPROFIT®-Betrieb und setzen uns damit aktiv für den Umweltschutz ein. Das ÖKOPROFIT®-Projekt unterstützt Betriebe dabei, die Umwelt durch nachhaltiges Wirtschaften zu entlasten. Unsere Produkte sind grundsätzlich auf chlorfrei gebleichtes und nach Umweltschutzstandards zertifiziertes Papier gedruckt.

ISBN 978-3-8346-2932-6

Printed in Germany

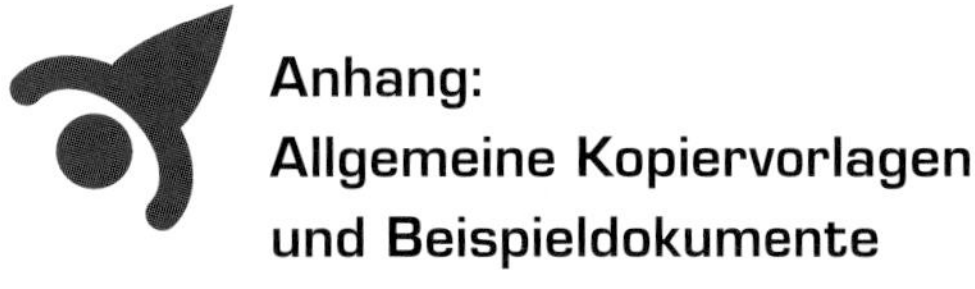

Anhang: Allgemeine Kopiervorlagen und Beispieldokumente

Bildnachweis

Fotolia.com

S. 31: © shootingankauf
S. 36: © Anja Greiner Adam
S. 37: © Clemens Schüßler
S. 40: © gavran333
S. 44: © highwaystarz
S. 48: © picsfive
S. 54: © mizar
S. 56: © svetlanamo
S. 57: © iQoncept
S. 59: © reeel
S. 64: © shootingankauf
S. 66/83: Zettel © Giraphics
S. 69: © Cmon
S. 70: © erhanbesimoglu
S. 73: © mucft
S. 76–81: Hände © zukhrufeya
S. 80: Holzfiguren © TASPP
S. 82: © alain wacquier
S. 84: © 3Dmask
S. 86: © Trueffelpix
S. 88: © Anna Rassadnikova
S. 103: © ale_rizzo

Andere

S. 32: © Hamacher, Sylvia: „Tatort Schule. Gewalt an Schulen", tredition GmbH 2010
S. 45: © Eigene Darstellung VadR (Daten nach www.mpfs.de/fileadmin/JIM-pdf14/JIM-Studie_2014.pdf)
S. 51: © Pro Juventute Schweiz

Liebe Kollegen*,

der vorliegende Band richtet sich in erster Linie an **Lehrer und Pädagogen der Sekundarstufe I**, die entweder allgemein mit **Sozialem Lernen** befasst sind und/oder sich womöglich aufgrund eines akuten Vorfalls mit dem Thema **(Cyber-)Mobbing** auseinandersetzen müssen. Hierzu zählen Klassen- und Vertrauenslehrer, Leiter einer entsprechenden AG, aber auch Fachlehrer, die unter ihren Schülern eine Mobbingsituation wahrnehmen und intervenieren möchten, sowie Schulsozialarbeiter und Schulpsychologen. Die Erfahrungen und Statistiken der letzten Jahre beweisen: Mobbing ist gerade auch an Schulen ein **ernst zu nehmendes Problem, vor dem niemand die Augen verschließen darf.** Wir sollten es auf keinen Fall auf die leichte Schulter nehmen – gleichzeitig gibt es für dieses komplexe Thema aber auch **keine leichten Antworten und schnellen Lösungen**. Doch diese Tatsache soll Sie keinesfalls davon abhalten, sich mit dem Thema auseinanderzusetzen. Denn **gerade Sie** haben eine Position – und damit auch eine Verantwortung – inne, aus der heraus Sie sowohl bei der Präventionsarbeit als auch bei einer eventuell nötigen Intervention **eine wichtige Rolle spielen**.
Um **Sie bei der Ausführung dieser Rolle zu unterstützen**, ist dieses umfassende Materialpaket entstanden. Es möchte Sie für das Thema sensibilisieren und dazu anregen, genau hinzusehen, Mobbing früh zu erkennen und ihm wirksam vorzubeugen. Darüber hinaus ist es ebenso Ziel, Ihnen dabei zu helfen, handlungsfähig zu sein, in akuten Mobbingfällen einfühlsam einzuschreiten und aktiv Lösungen herbeizuführen.

Zu Aufbau und Methodik

Um Ihnen **sowohl das nötige Hintergrundwissen als auch praktische, sofort einsetzbare Hilfen** an die Hand zu geben, finden sich in diesem Band neben den umfangreichen Arbeitsblättern für die Jugendlichen auch zwei Theoriekapitel (am Seitenrand grau markiert).

So beginnt das Buch in **Kapitel 1** mit einigen **„Einführenden Hinweisen für den Lehrer"**, die zunächst erläutern, was Mobbing überhaupt ist und worum genau es dabei geht, und anschließend eine Übersicht der wichtigsten Maßnahmen liefern, die auf präventiver und interventiver Ebene ergriffen werden können. Hier finden sich immer wieder Querverweise auf passende Arbeitsblätter und Vorlagen zur praktischen Umsetzung in den folgenden Kapiteln. Diese Verweise sind durch das folgende Symbol gekennzeichnet: ►

Danach folgen vier Kapitel mit kopierfertigen Arbeitsblättern für die Schülerhand: **Kapitel 2** regt die Schüler dazu an, sich mit dem Thema **Mobbing** intensiv auseinanderzusetzen, seine Strukturen zu durchschauen, sich über eigene Erfahrungen auszutauschen und darüber zu reflektieren.
In **Kapitel 3** geht es speziell um den **Sonderfall Cybermobbing**. Das Mobben im Internet nimmt seit der Verbreitung von internetfähigen Mobiltelefonen, den Smartphones, auch schon bei jüngeren Schülern immens zu. Diese Art des Mobbings ist besonders fatal, weil sie sehr beständig ist und eine enorme Reichweite hat. Die Schüler erfahren anhand der hier zusammengestellten Kopiervorlagen, welche Gefahren mit der Verbreitung von Informationen über das Internet verbunden sind, und lernen, worauf sie dabei achten sollten.
Kapitel 4 beschäftigt sich mit den **Konsequenzen** für die Opfer und Täter von Mobbing und informiert über die **aktuelle Gesetzeslage**.
Die Kopiervorlagen in **Kapitel 5** sollen Sie bei Ihrer **grundlegenden Präventionsarbeit** unterstützen. Ziel ist es hier, durch vielfältige Übungen, Experimente und Aktivitäten die Klassengemeinschaft zu stärken und die Schüler für gemeinsame Aktionen gegen Mobbing zu gewinnen.
Bei allen Arbeitsblättern wurde bewusst auf den **abwechslungsreichen Einsatz verschiedener kooperativer Methoden** geachtet, da diese besonders vielfältige Möglichkeiten bieten, **das soziale Miteinander von Schülern zu fördern und somit Mobbing vorzubeugen**. Dazu erhalten Sie bereits am Ende von Kapitel 1 einige hilfreiche Hinweise und weiterführende Anregungen.

Um der großen Altersspanne der Klassen 5–10, in denen diese Materialien eingesetzt werden können, und auch dem unterschiedlichen Leistungsniveau der Schüler innerhalb einer Klasse gerecht zu werden, sind die **Aufgaben differenziert angelegt** und werden in unterschiedlichen Schwierigkeitsstufen angeboten.
Aufgaben für ältere und/oder leistungsstärkere Schüler sind mit gekennzeichnet.

Das „Web-Symbol" 🌐, das sich auf einigen Kopiervorlagen befindet, verweist darauf, dass es sich hier um **Surf- oder Recherchetipps** handelt.

In **Kapitel 6** erhalten Sie schließlich **„Weiterführende Hinweise für den Lehrer"**, in denen es um konkrete **Intervention** geht, also darum, was Sie bei einem akuten Mobbingfall tun können. Hier finden Sie praktische Tipps, psychologische Hinweise und konkrete Anleitungen, um bei akuten Fällen einfühlsam eingreifen und schnell und sicher handeln zu können. Auch in diesem Theorieteil wird immer wieder mit ► Querverweisen zu konkreten Materialien gearbeitet, die sich im Anhang befinden.

Dieser **Anhang** bündelt **ergänzende Kopiervorlagen** für die Schüler (z. B. ein Beobachtungsbogen für die Gruppenarbeit) sowie **hilfreiche Vorlagen, Gesprächsleitfäden und Beispielbriefe** für Sie als Lehrer (z. B. für die Kontaktaufnahme mit dem Opfer, für Gesprächsprotokolle oder Elternbriefe).

Ganz am Ende des Buches erhalten Sie schließlich eine **Zusammenstellung weiterführender Unterrichtsmaterialien** sowie Angaben zu **Quellen, Medientipps und hilfreichen Links**.

So soll Ihnen dieser Band als **Fundgrube** dienen, aus der Sie im Handumdrehen genau die Informationen und Materialien herausfischen können, die Sie gerade benötigen. Egal ob Sie ein breit angelegtes Präventionsprogramm planen oder nur eine kleine Einheit zu dem Thema durchführen möchten – alle Materialien sind **beliebig kombinierbar** und lassen sich nach Ihren Bedürfnissen zusammenstellen. Und auch für eventuell nötige Interventionsmaßnahmen haben Sie **völlig freie Hand**, selbst zu entscheiden, welche Tipps und Vorgehensweisen Sie an Ihrer Schule und in Ihrem konkreten Fall für umsetzbar halten und welche Ihnen in Ihrer Situation am meisten helfen.

Ich wünsche Ihnen gutes Gelingen
beim Einsatz der Materialien,
Mirjam Steves

---

* Aus Gründen der besseren Lesbarkeit haben wir in diesem Buch durchgehend die männliche Form verwendet. Natürlich sind damit auch immer Frauen und Mädchen gemeint, also Lehrerinnen, Schülerinnen etc.

Kapitel 1:

Einführende Hinweise für Lehrer

Das wichtigste Hintergrundwissen rund um Mobbing

Der Begriff Mobbing ist insbesondere durch die Medien in den letzten Jahren **immer mehr in den Fokus gerückt**. Zunächst war Mobbing vor allem am Arbeitsplatz ein Thema, zunehmend wird es auch mit Schulen in Verbindung gebracht. Untersuchungen zeigen, dass es, **statistisch gesehen, in jeder Klasse ein bis zwei Mobbingfälle** gibt. Das bedeutet, dass sich in jeder Klasse sowohl Täter, also Mobbende, und Opfer, also Gemobbte, befinden als auch Mitläufer und Zuschauer. Dabei ist die **Wahrnehmung dieses Problems sehr unterschiedlich**. Eltern von Betroffenen beklagen, dass **Schulen das Problem oftmals verharmlosen** und nicht genug dagegen tun. Aus Sorge um den eigenen Ruf oder den Ruf der Schule kann es tatsächlich sein, dass Lehrkräfte oder Schulleitungen das Thema ignorieren oder Fälle an ihrer Schule verleugnen; insofern sind die Vorwürfe von Eltern berechtigt. Doch oft ist es vor allem **Unsicherheit, die die Lehrer hemmt**, sich des Problems anzunehmen und bei akuten Fällen frühzeitig einzugreifen. Viele wissen nicht, was zu tun ist und wie sie dabei am besten vorgehen. Darüber hinaus führt beruflicher Stress durch die ständig zunehmenden Belastungen und steigenden Anforderungen im Lehrerberuf dazu, dass **nicht immer Zeit für aufmerksames Beobachten und Zuhören** bleibt. So werden viele Mobbingfälle erst erkannt, wenn sie schon weit fortgeschritten sind und eine Intervention sehr schwierig ist.

Ein weiterer Grund, warum Mobbing oft erst spät erkannt wird und ein Eingreifen von schulischer Seite aus gar nicht oder erst mit zu großer Verzögerung erfolgt, ist der, **dass sich Mobbing langsam entwickelt**. Es ist – zumindest in der Anfangsphase – nicht leicht zu erkennen und **lässt sich schwer abgrenzen von einfachen Konflikten und Streitereien**, die es überall gibt und die zum Leben und zum Schulalltag dazugehören. Hinzu kommt, dass die Konflikte nicht immer offen ausgetragen werden, sondern die **Schikanen oft subtil** geschehen. Schüler werden gemieden oder aus der Klassengemeinschaft ausgegrenzt, ohne dass die Lehrkräfte dies mitbekommen. Sie sind oftmals völlig überrascht, wenn man sie auf Mobbing in ihrer Klasse anspricht.

Zum anderen passieren die **Übergriffe meistens außerhalb des Unterrichts**, dort, wo es keiner sieht: auf dem Schulweg, im Schulbus, in Ecken des Pausenhofs oder auf den Toiletten. Lehrkräfte, aber auch Eltern nehmen häufig gar nicht wahr, dass ihre Schützlinge gemobbt werden. Die **Opfer** selbst sind meist so **stark eingeschüchtert**, dass sie nicht wissen, was sie tun oder an wen sie sich wenden sollen. Sie haben Panik vor weiteren Übergriffen oder Angst davor, dass das Mobbing noch schlimmer wird, sie von immer mehr Personen fertiggemacht werden und sie zunehmend in eine soziale Isolation geraten. Deshalb **trauen sie sich nicht**, ihre Eltern oder einen Lehrer zu informieren und **um Hilfe zu bitten**. Hinzu kommt, dass viele Opfer die Schuld für das Mobbing bei sich selbst suchen.

Wird in den Medien über Mobbing an Schulen berichtet, dann geht es meist um Fälle mit schwerer Gewalt. Doch zum Mobbing gehören auch die **vielen „kleinen" Übergriffe**, wie das Auslachen, Beleidigen, Beschimpfen, Verbreiten von Lügen, Verstecken oder Zerstören von persönlichen Gegenständen, gezieltes Ignorieren und vieles mehr. Sie führen bei den Opfern zu **großen psychischen Belastungen und hohem seelischen Leidensdruck** – und können dadurch ernsthaft krank machen. Auch wenn das Medieninteresse daran geringer ist, so sind diese Arten von Mobbing doch wesentlich **häufiger als die Fälle mit körperlichen Verletzungen**.

Wie stark Schüler unter solchen täglichen Schikanen leiden, wird deutlich, wenn das Opfer sich immer mehr zurückzieht, krank wird oder – wie es in besonders schlimmen Fällen passieren kann – Suizid begeht, um dem Ganzen ein Ende zu bereiten. Diese Fälle schockieren. In welcher verzweifelten Situation muss sich das Opfer befunden haben, um diesen drastischen Schritt zu gehen? Warum wurde ihm nicht geholfen? Warum blieb das Mobbing für Eltern, Lehrer und Freunde unerkannt? Warum konnte das Opfer über die Demütigungen nicht reden?

Fest steht: Mobbing ist nicht harmlos. Schüler in Mobbingsituationen können sich meist nicht mehr selbst wehren und die Probleme allein lösen. Sie brauchen Unterstützung von außen. Dafür müssen sich alle – Eltern, Freunde, Mitschüler und eben auch Lehrer – der Gefahr bewusst sein und Augen und Ohren offen halten, um eventuelle Anzeichen frühzeitig zu erkennen. Und dann dürfen diese nicht etwa kleingeredet oder gar ignoriert werden, stattdessen muss hingeschaut und gehandelt werden. Viele Pädagogen fühlen sich jedoch mit dieser Verantwortung und der besonderen Herausforderung, die die Mobbingprävention, aber vor allem auch -intervention mit sich bringt, überfordert, weil sie sich mit dem Problem nicht genug auskennen und unsicher sind, was sich wie dagegen tun lässt. – Genau hier setzt dieses Buch an, indem es einerseits die wichtigsten Hintergrundinformationen liefert, andererseits aber auch ganz konkrete Materialien anbietet, die sowohl zur Vorbeugung gegen Mobbing als auch bei akuten Fällen einsetzbar sind.

Definition

Das Wort Mobbing (engl. „to mob someone" = jemanden anpöbeln, schikanieren, angreifen, fertigmachen) ist mittlerweile auch in der Alltagssprache angekommen und wird **zum Teil sehr inflationär gebraucht**. Dabei wird es in sehr unterschiedlicher Bedeutung verwendet und häufig auch synonym zu „Konflikt" benutzt. Das ist problematisch, denn Mobbing ist zwar eine schikanierende Form der Austragung von Konflikten, allerdings ist nicht jede Schikane auch gleich Mobbing.
Was also ist Mobbing wirklich? Was verbirgt sich hinter dem Begriff? Das folgende Fallbeispiel soll bei der Klärung dieser Fragen helfen:

Fallbeispiel:
Tessa geht in die 7. Klasse einer Gesamtschule. Sie ist ein unauffälliges, ruhiges Mädchen, ihre schulischen Leistungen bewegen sich im Mittelfeld. Mit Beginn der Pubertät hat sich Tessa körperlich verändert: Die Pickel im Gesicht haben zugenommen und sie fällt durch starke Körperbehaarung auf. Dabei achtet Tessa auf ihr Äußeres und kleidet sich modern. Seit einigen Monaten fühlt sich Tessa nicht mehr wohl an ihrer Schule. Ihre Mitschüler beleidigen und schikanieren sie zunehmend.
Am Anfang verschwanden immer mal wieder ein paar Schulmaterialien (Stifte, Hefte) und ihr Sportzeug fand sie des Öfteren auf dem Klo. Dann waren es dumme Sprüche und abwertende Blicke, die ihr zugeworfen wurden. Mittlerweile will in der Klasse keiner mehr neben ihr sitzen und auch in den Pausen bekommt sie die Abneigung vieler Schüler zu spüren. Immer öfter heißt es „Achtung, Seuche!", wenn Tessa durch eine Tür geht oder einen Raum betritt, und auch Schüler, die sie überhaupt nicht kennt, machen einen großen Bogen um sie und wollen nichts anfassen, was Tessa berührt hat. Selbst die Mitschüler, mit denen sie befreundet war, distanzieren sich von ihr. In Stuhlkreisen rutschen sie von ihr weg und bei Gruppenarbeiten wollen sie nicht mehr mit ihr zusammenarbeiten. Wenn es doch dazu kommt, ignorieren, beleidigen oder hänseln sie sie. Ihre Leistungen in der Schule sind schlechter geworden und immer häufiger fehlt Tessa in der Schule.

An diesem Beispiel lässt sich gut erkennen, **durch welche Merkmale** und **Verhaltensweisen Mobbing gekennzeichnet** ist und wodurch sich Mobbing von anderen Gewaltformen unterscheidet:

- **Kräfteungleichgewicht zwischen Mobber (Täter) und Gemobbtem (Opfer):** Es handelt sich um eine Gewaltform, die auf Macht basiert. Der Konflikt wird nicht zwischen Gleichstarken ausgetragen, sondern das Opfer steht einem oder mehreren Tätern allein gegenüber.
- **Häufigkeit:** Die Übergriffe geschehen mindestens einmal oder mehrmals pro Woche.
- **Dauer:** Die Übergriffe erfolgen über einen längeren Zeitraum von Wochen oder Monaten.
- **Konfliktlösung:** Das Opfer ist nicht in der Lage, das Problem allein zu lösen und das Mobbing zu beenden.
- **Soziale Ausgrenzung:** Ziel des Mobbings ist es, das Opfer nachhaltig zu schädigen und es sozial zu isolieren.

Mobbing ist also eine Form von Gewalt, bei der eine Person regelmäßig und über einen längeren Zeitraum hinweg negativen Handlungen ausgesetzt ist. Es kann sich dabei um verbale/physische, sprich: **offene Gewalt und/oder subtile Gewalt** handeln. Das Opfer ist der

Person oder den Personen, von denen das Mobbing ausgeht, unterlegen. **Mobbing unter Schülern** bezeichnet demnach alle böswilligen Handlungen, die als einziges Ziel haben, einen Mitschüler fertigzumachen und ihn sozial auszugrenzen und damit aus der Klassengemeinschaft bzw. Lerngruppe zu vertreiben. Diese Gewaltform kann im Klassenverband deswegen wirken, weil es neben den direkt Betroffenen auch **viele Zuschauer und Dulder** gibt. Sie nehmen das Mobbing zwar wahr, greifen jedoch nicht ein und stützen deshalb das System Mobbing (vgl. Jannan 2010 und Olweus 2008).

Es ist nicht leicht, dieses Gefüge zu durchdringen und tatsächliche Mobbingfälle frühzeitig zu entdecken. Damit Sie für diese Herausforderung gewappnet sind, erhalten Sie in den folgenden Abschnitten zunächst hilfreiche Hintergrundinformationen zu den verschiedenen Erscheinungsformen von Mobbing und zu seinem Verlauf sowie zu den Folgen, die Mobbing nach sich ziehen kann. Außerdem erhalten Sie Informationen über mögliche Ursachen und erfahren, welche Anzeichen es für einen bestehenden oder sich anbahnenden Mobbingfall gibt.

Vom Mobbing zum Cybermobbing

Mobbing an sich ist keine neue Erscheinung, aber es hat sich gewandelt und eine **neue Dimension** erreicht. Heutzutage werden **moderne Kommunikationsmittel,** wie das Internet und das Handy, genutzt, um andere Menschen bloßzustellen (bspw. durch das Hochladen peinlicher Videos und Bilder), sie zu belästigen oder falsche Behauptungen zu verbreiten. Das Schlimme an dieser Form des „Cybermobbings" ist, dass das Mobbing **rund um die Uhr** stattfinden kann, die **Daten im Netz oftmals lange Zeit verweilen** und die Opfer **einem unüberschaubar großen Publikum ausgesetzt** sind. Insbesondere in den höheren Klassenstufen (etwa ab Klasse 7) kommt es vermehrt zu Cybermobbing. Häufig fühlen sich Lehrkräfte mit dieser Form des Mobbings besonders überfordert, da sie selbst Unsicherheiten im Umgang mit neuen Medien zeigen und sich wenig in sozialen Netzwerken, Instant Messengern oder anderen Medienkanälen bewegen. Dennoch ist es wichtig, dass sie sich mit der Problematik auseinandersetzen, da diese Kommunikationsformen in zunehmendem Maße für Mobbing missbraucht werden. Sie müssen selbst über die Straftatbestände von Cybermobbing informiert sein, ihren Schülern dieses Wissen und ein Bewusstsein über die Schwere dieser Art von Mobbing vermitteln und den Jugendlichen Handlungsmöglichkeiten aufzeigen, was im konkreten Fall zu tun ist.

Dafür finden Sie in diesem Buch zahlreiche Hilfen und Materialien, insbesondere bei den ► Kopiervorlagen in Kapitel 3 „Cybermobbing" ab S. 43. Weitergehende Informationen erhalten Sie u.a. auch in den ► „Weiterführenden Unterrichtsmaterialien" ab S. 112 sowie in den ► „Quellen, Medientipps und hilfreichen Links" ab S. 114. Und nicht zuletzt bietet auch das Internet die Chance, sich umfassend und fortlaufend zu informieren, um bei dieser Thematik und den sich rasant verändernden Medien und Kommunikationsmitteln auf einem aktuellen Stand zu sein.

Häufigkeit

Fälle von Mobbing sind kein Einzelfall. Obwohl es beim Mobbing eine **hohe Dunkelziffer** gibt, da viele Fälle unentdeckt bleiben, zeigen Untersuchungen, dass ein hoher Anteil von Schülern betroffen ist – sei es, weil sie Mobbingvorfälle direkt selbst erleben oder diese beobachten. **Mobbing unter Schülern zählt daher zu der am häufigsten anzutreffenden Gewaltform in der Schule**.

Es ist und bleibt jedoch schwierig, konkrete Zahlen zu nennen – obwohl es vielfältige empirische Untersuchungen zu Mobbing an deutschen Schulen gibt. Dies hat vor allem damit zu tun, dass der Begriff „Mobbing" unterschiedlich definiert wird und die Forscher dem Begriff jeweils andere Maßstäbe zugrunde legen. **Geht man von einer strengen Definition von Mobbing aus**, so wie der schwedische Mobbingforscher Heinz Leymann sie beschreibt, dann sind es statistisch **immer noch ein bis zwei Schüler in jeder Klasse, die gemobbt werden**. Diese Zahl scheint sich mit den langjährigen Erfahrungen von Pädagogen, die sich in ihrer Praxis mit dem Thema Mobbing intensiv beschäftigen, zu decken (vgl. Kindler 2013, S. 54).

Mobbing kommt grundsätzlich in allen Schularten vor und ist unabhängig vom Standort, der Schul- oder Klassengröße. Die Häufigkeit scheint jedoch **abhängig von der Schulform** zu sein.
So gibt es an Grundschulen die meisten Mobbingübergriffe: Hier geben 13,3 % der Schüler an, ein- bis mehrmals in der Woche gemobbt zu werden. Dort kommt Mobbing also noch häufiger vor als in der Haupt- (12 %) oder Gesamtschule (11,3 %). Am seltensten scheinen Schüler am Gymnasium (4,9 %) gemobbt zu werden (vgl. Jannan 2010, S. 23).
Von Mobbing sind **häufiger Jungen als Mädchen betroffen**: Sie agieren häufiger als Täter, sind aber auch öfter Opfer von Übergriffen.
Mit zunehmendem Alter der Kinder nimmt das Mobbing ab; es **lässt daher mit steigender Klassenstufe nach** (vgl. ebd., S. 25).

Dennoch ist es natürlich keine Lösung, das Problem „auszusitzen" – Mobbing ist als Gewaltform an allen Schulformen offensichtlich und die Pädagogen müssen sich dieses wichtigen Phänomens annehmen. Es ist ein Imperativ, der von der Statistik vorgegeben wird.

Formen

Mobbinghandlungen können ganz unterschiedlich aussehen. So lässt sich z. B. zwischen **direkten** Formen, bei denen das Opfer direkt angegriffen wird, und **indirekten** Formen unterscheiden, bei denen auch andere zum Mobben angestiftet werden.

Der in Deutschland geborene Arbeitspsychologe Heinz Leymann, der als Pionier der Mobbingforschung gilt, nimmt eine andere Systematik vor. Er hat einen Kriterienkatalog entwickelt, in dem 45 Mobbinghandlungen definiert sind, und unterteilt sie in fünf verschiedene Bereiche des Arbeitsalltags: die Kommunikation, Angriffe auf soziale Beziehungen, Auswirkungen auf das soziale Ansehen, Angriffe auf die Qualität der Berufssituation und Angriffe auf die Gesundheit.
Die Einteilung macht nicht nur deutlich, welch große Bandbreite das Spektrum der Mobbingangriffe aufweist, sondern bietet auch Hinweise darauf, welche Typen von Handlungen als Mobbing eingestuft werden können.

Bei den Mobbingformen lassen sich **geschlechtsspezifische Unterschiede** feststellen. So zeigt sich, dass Jungen eher zu offener Aggression neigen. Sie greifen ihr Gegenüber eher direkt körperlich oder verbal an, während Mädchen mehr subtile Formen, wie Manipulation, Gerüchteverbreiten oder soziales Ausgrenzen, verwenden.

Mobbingformen

- **Direktes Mobbing** kommt häufiger in den unteren Klassenstufen vor. Hierzu gehört: Hänseln, Beleidigen, Beschimpfen, Abwerten, Drohen, Erpressen, Erniedrigen, Bloßstellen, Schikanieren. Auch die unter Kindern und Jugendlichen praktizierte physische Gewalt (Anrempeln, Schubsen, Kneifen, Schlagen, Treten, Festhalten, Verletzen), mit der Opfer durch körperlich überlegene Mitschüler gequält werden, zählt dazu.
- Zum **indirekten Mobbing** gehört: Ausgrenzen aus der Klassengemeinschaft, Ignorieren und Schneiden des Opfers, Ruf schädigen, Gerüchte verbreiten, Vorenthalten von Informationen, Beschädigen, Verstecken oder Wegnehmen von Schulutensilien und persönlichem Eigentum.

Verlauf

Mobbing ist immer ein **Prozess** und lässt sich in **verschiedene Phasen** unterteilen:

1. Phase Erhöhte Konfliktneigung

Konflikte entstehen oft aus einer Banalität heraus und gehören zu unser aller Alltag – auch in der Schule. Dabei testen Schüler häufig ihre Macht und ihren Einfluss in der Klasse und es entstehen Ungerechtigkeiten und Parteilichkeiten.
Reden die Konfliktpartner an dieser Stelle miteinander, so wird das Problem bearbeitet und kann meist schnell aus der Welt geschafft werden. Bleibt der Konflikt jedoch bestehen, wirkt er weiter, bauscht sich auf, kann das Klassenklima vergiften und eine aggressivere, gereizte Stimmung unter den Schülern schaffen. Es kommt zu weiteren Angriffen und der Konflikt kann sich zu Mobbing weiterentwickeln.

2. Phase Übergang zu Mobbing

Es entsteht ein Ungleichgewicht und es kommt zur Polarisierung in eine „Opfer-" und eine „Täterrolle".
Die Gehässigkeiten und Feindseligkeiten nehmen zu und richten sich gezielt gegen eine bestimmte Person. Der ursprüngliche Konflikt tritt in den Hintergrund. Stattdessen werden „Mythen" über den betroffenen Schüler verbreitet, der dadurch in eine Verteidigungshaltung gerät, zunehmend auffälliger wird und so immer mehr Anlässe zum Ausgrenzen und Ärgern liefert. Dieser Prozess ist dann möglich, wenn Mitschüler und/oder Lehrer nicht handeln, dem Opfer nicht helfen und sich um das Problem nicht kümmern. Wenn Klassenkameraden wegschauen oder sogar zuschauen und mitmachen, dann wird Mobbing möglich.

Achtung! Spätestens jetzt muss eingegriffen werden. Wenn das Mobbing in dieser Phase nicht gestoppt wird, etabliert es sich und ein Teufelskreis beginnt.

3. Phase Systematisches Mobbing und Verfestigung der Opferrolle

Die Mobbingattacken häufen sich und entwickeln sich zu einer systematischen Schikane. Die gemobbte Person wird immer weniger akzeptiert und respektiert. Mit ihr will jetzt niemand mehr zusammenarbeiten, sie wird zurückgewiesen und immer weiter sozial isoliert.
Das Selbstvertrauen des Opfers wird hierdurch empfindlich gestört. Dies führt zum einen dazu, dass die betroffene Person sich nicht oder immer weniger wehrt und/oder erkrankt. Zum anderen wird sie zunehmend unsicher, macht Fehler, reagiert unangemessen und fällt auf. Durch dieses Verhalten sieht sich der Täter in seinem Handeln bestärkt; es dient ihm zur Rechtfertigung weitergehender Mobbingattacken.

4. Phase „Fehldiagnosen" und Aufgeben des Mobbingopfers

Das Mobbingopfer kann sich aus eigener Kraft nicht mehr aus der Situation befreien und gibt auf.
Fehlverhalten, -leistungen und -zeiten nehmen überhand. Dabei kann es dazu kommen, dass insbesondere ein Leistungsversagen und psychosomatische Erkrankungen des Opfers von Eltern und Lehrern fehlinterpretiert und einer intellektuellen Überforderung oder der Pubertät zugeschrieben werden. Zum Teil werden sie auch als „selbstverschuldet" angesehen und nicht als Folgen einer Mobbinghandlung erkannt.
Das Opfer gerät endgültig in Unterlegenheit und hat sich an die Übergriffe gewöhnt. Sein Selbstbewusstsein ist mittlerweile so stark gestört, dass es beginnt, selbst zu glauben, was man ihm vorwirft.

5. Phase Ausschluss aus der Klasse oder Schule

Die Auswirkungen der letzten Phase sind schwere seelische und/oder Persönlichkeitsstörungen, Depressionen, Suchtmittelmissbrauch oder physische Erkrankungen. Die Betroffenen sind am Ende eines Mobbingprozesses so hilflos und demoralisiert, dass sie oftmals die Klasse oder Schule wechseln müssen. Somit haben die Täter ihr Ziel erreicht: den Ausschluss.

Im „worst case" begehen Opfer sogar Suizid oder versuchen, ihre scheinbar ausweglose Situation in der Schule mit (Waffen-)Gewalt zu „lösen". Nicht immer bemerken Lehrkräfte und Mitschüler, wie schlecht es den Betroffenen geht. Sie sind überrascht und schockiert, wenn die Opfer einen dieser letzten Schritte gehen, um das Mobbing zu beenden.

Eines wird bei diesem Prozess vor allem deutlich: Mobbing beginnt in der Regel harmlos und sein Verlauf ist schleichend. Nicht immer muss sich Mobbing verfestigen und mit der fünften und letzten Phase enden. Die **Angriffe können in früheren Phasen beendet und somit die Mobbingsituation aufgelöst werden**. Entscheidend hierfür ist, wie gut die Klassengemeinschaft ist, ob regelmäßig Aufklärung und Präventionsmaßnahmen stattfinden und wie Lehrkräfte reagieren. Sie müssen **genau hinsehen und rechtzeitig handeln, bevor das Mobbing eine eigene Dynamik entwickelt** (vgl. Leymann 1995 und Kasper 1998).

Folgen

Egal auf welche Art gemobbt wird – alle Angriffe haben Auswirkungen auf die betroffenen Kinder und Jugendlichen. Neben sichtbaren **physischen Schädigungen**, wie Verletzungen durch die Täter, sind es auch **psychosomatische Reaktionen**, die krank machen. Mobbingopfer entwickeln mit der Zeit gesundheitliche Probleme und leiden häufig unter Beschwerden, wie Kopf-, Rücken- und Bauchschmerzen oder Schlafstörungen.
Hält der Stress über Tage, Wochen oder sogar Monate an, kann er auch zu **psychischen Beeinträchtigungen** führen und sich mit dem Verlust des Selbstvertrauens auf die gesamte Persönlichkeit auswirken. Aus Scham und/oder Angst versuchen die Opfer, sich ihre Probleme nicht anmerken zu lassen. Sie sprechen selten über ihre Situation oder erzählen kaum jemandem davon, was ihnen tagtäglich passiert. Sie suchen das „Problem" erst einmal bei sich selbst. Dadurch ist das Mobbing sehr wirksam und führt, je länger es dauert, zu einer völligen **Zerstörung des Selbstbewusstseins**.

Als **weitere Folgen** von Mobbing kann beobachtet werden, dass die Betroffenen häufig Vermeidungsstrategien benutzen und sich aus ihrem sozialen Umfeld immer weiter zurückziehen. Sie unternehmen immer seltener etwas mit Freunden. Durch diese **soziale Isolation** können sich depressive Tendenzen und Passivität entwickeln. Lernmotivation und -engagement nehmen ab und können bis zur **Schulvermeidung** führen.

Nach Kindler (2013) sind den Tätern all die Folgen für die Opfer gleichgültig. **Die Mobbenden schreiben den Opfern** aufgrund einer Äußerlichkeit (z. B. dick) oder eines Verhaltens (z. B. arrogant) **eine Schwäche zu, die ihr Handeln rechtfertigt**. Die Opfer haben – aus Sicht der Täter – selbst Schuld am Mobbing. Diese Einstellung kann dazu führen, dass die Täter sich im späteren Verlauf durch das schwindende Selbstbewusstsein der Opfer immer mehr in ihrer Meinung bestätigt fühlen. Sie beginnen, umso rücksichtsloser zu mobben, die Opfer reagieren gestresst und/oder ängstlich, sie zeigen – erneut aus Sicht der Täter – noch deutlichere Auffälligkeiten und ein **Teufelskreis** beginnt.

Mögliche Hinweise auf Mobbing

Um als Außenstehender Mobbing frühzeitig zu erkennen, gilt es, aufmerksam auf verschiedene Hinweise zu achten – denn es gibt sie durchaus, die Anzeichen, die darauf hindeuten, dass ein Schüler gemobbt wird. Die betroffenen Kinder und Jugendlichen, die gemobbt werden, zeigen Änderungen in ihrem Verhalten, die sowohl Eltern als auch Lehrkräften auffallen können. Die folgenden **Verhaltensweisen** können mögliche Anzeichen sein:

Info

Mögliche Hinweise auf Mobbing

Die Schüler ...

- wollen nicht mehr zur Schule gehen.
- wollen nicht mehr mit dem Bus zur Schule fahren, sondern zur Schule gefahren werden.
- sind immer häufiger angespannt, nervös und ängstlich.
- erfinden Ausreden, z. B. für zerstörte und angeblich verlorene Gegenstände.
- kommen bedrückt nach Hause, sind depressiv, übellaunig oder zeigen plötzlich ein aggressives Verhalten, für das sie keine schlüssige Erklärung geben können oder wollen.
- zeigen zunehmend ein unsicheres Verhalten (z. B. erscheinen Hausaufgaben plötzlich „unlösbar"), ein schwindendes Selbstbewusstsein und Selbstwertgefühl.
- erhalten keine Einladungen mehr zu Feiern von Mitschülern.
- verlieren angeblich immer wieder Geld (mit dem sie die Mobber bezahlen müssen).
- beginnen zu stottern.
- ziehen sich immer mehr zurück.
- zeigen psychosomatische Auffälligkeiten, wie Appetitlosigkeit oder Schlafstörungen/Alpträume, und körperliche Beschwerden, wie Bauch- oder Kopfschmerzen.

Weitere „Warnsignale" für Mobbing, die insbesondere von Lehrkräften beobachtet werden können:

Die Schüler ...

- sind immer häufiger müde und/oder sehr unkonzentriert im Unterricht.
- zeigen einen starken Abfall in den schulischen Leistungen.
- bleiben nach Unterrichtsende und in der Pause länger im Klassenzimmer.
- gehen Aktivitäten mit Mitschülern aus dem Weg.
- fehlen immer häufiger.

(vgl. Jannan 2010)

Zeigen Schüler eine oder mehrere dieser Verhaltensänderungen oder Auffälligkeiten, so haben diese immer einen Grund. Ob Mobbing oder andere Probleme dahinterstecken, ist offen und kann nur durch ein Gespräch mit dem Schüler geklärt werden. Egal welche Auffälligkeiten sich zeigen und welche Motive dazu führen, in allen Fällen besteht Handlungsbedarf und die Schule sollte dabei aufklärend und unterstützend mitwirken.

Ursachen

Verschiedenste Ursachen und begünstigende Faktoren können für das Entstehen von Mobbing verantwortlich sein. Diese können sowohl im soziostrukturellen als auch im familiären und/oder schulischen Kontext liegen. Auch Antipathie, Neid, Eifersucht, Langeweile oder eine Normabweichung (z. B. im Hinblick auf soziale Herkunft, Nationalität, Kultur, Religion, Sprache, Aussehen, Bekleidung, eine besondere Begabung) können Gründe für die Entwicklung des Täterverhaltens sein.
Zu den **gesellschaftlichen Bedingungen** gehört u. a. auch der Einfluss der Medien. Der Computer- und Fernsehkonsum steigt stetig an und mit ihm erleben Kinder und Jugendliche Gewalt oder auch Bloßstellungen und Demütigungen von Personen zu Unterhaltungszwecken: ein Wertewandel oder Werteverlust, der sich in der Gesellschaft vollzogen hat und mit dem Schüler in den Medien tagtäglich konfrontiert werden.
Auch **familiäre Bedingungen** gehören zum Ursachen-Komplex für das Mobbing in der Schule. Machtbetonte oder übertolerante Erziehungsstile, raue oder fehlende Umgangsformen, wenig Kommunikation, mangelnde Fähigkeiten im konstruktiven Umgang mit Konflikten, ein völliges Abgeben der Erziehungsaufgabe in die Hände der Schule und insbesondere auch ein liebloses oder gewalttätiges Elternverhalten prägen die Kinder und haben Einfluss auf ihr späteres eigenes Leben.

Besonderes Augenmerk soll hier jedoch auf die **Bedingungen in der Schule** gerichtet werden, die das Entwickeln von Mobbing begünstigen. Obwohl Mobbing grundsätzlich in jeder Klasse vorkommen kann, wird die Häufigkeit des Auftretens maßgeblich vom Schul- und Klassenklima, der Lernkultur und dem Lehrerverhalten mitbestimmt. Die hier aufgezeigten negativen Faktoren werden nicht selten hervorgerufen durch Überlastung der Lehrkräfte, Burnout, Personalmangel und zu große Klassen. Aber auch das Fehlen von Angeboten zur Fort- und Weiterbildung in diesem Bereich, fehlende Unterstützung durch Sozialarbeiter und Supervisionsgruppen oder wenig Erfahrung im Umgang mit neuen Medien tragen dazu bei, dass in der Schule Mobbingprozesse enstehen.

Info

Schulisch bedingte Ursachen für Mobbing

Schul- und Klassenklima

» fehlendes Wir-Gefühl: mangelnde Identifikation und Verbundenheit mit der Schule
» negative Schulatmosphäre, bspw. durch ein reizloses Schulgebäude und/oder enge unpersönliche Klassenräume
» Erziehungsverhalten der Schule: Strafen als einziges oder willkürliches Mittel, das Schüler lehrt, Ausübung von Macht sei ein geeignetes Mittel zum Erreichen von Zielen
» fehlende oder zu wenig verbindliche Schul- und Klassenregeln, deren Einhaltung nicht kontrolliert wird, wodurch Schule als rechtsfreier Raum erlebt wird, in dem jeder seine Regeln selbst machen darf

Lernkultur

» Lerninhalte, die zu wenig schülerorientiert sind und wenig Lebensweltbezug besitzen
» Unterforderung und Langeweile
» hoher Leistungsdruck und Überbetonung des intellektuellen Lernens
» geringer Leistungsstand
» starkes Konkurrenzdenken zwischen den Schülern
» un(ter)entwickelte Streitkultur
» wenig oder keine Förderung der sozialen Kompetenz

Lehrerverhalten bzw. Lehrerengagement

» Inkonsequenz, häufiges Wegschauen, Geringschätzung von Schul- und Klassenregeln
» resignative Grundhaltung (*„Macht doch, was ihr wollt!"*)
» wenig Förderung und Unterstützung
» gleichgültige Grundhaltung, wenig Interesse am Schüler, fehlendes Vertrauensverhältnis
» Bloßstellung und soziale Etikettierung von auffälligen Schülern (*„So wie du aussiehst ..."*)

(vgl. Jannan 2010 und Kindler 2013)

Meist gibt es nicht die eine Ursache für Mobbing, sondern es ist ein **Zusammenspiel mehrerer begünstigender Faktoren**. In jedem Fall aber tragen die Schule und insbesondere die Lehrkräfte hierbei eine erhebliche (Mit-)Verantwortung. In Klassen, in denen eine gestörte Lehrer-Schüler-Beziehung herrscht, kann sich auch das Verhältnis der Schüler untereinander verschlechtern und ein Wegschauen und Nichthandeln zu Mobbingprozessen führen.

Maßnahmen zur Prävention

Im Idealfall wird natürlich rechtzeitig Präventionsarbeit geleistet, sodass es gar nicht erst zu Mobbing kommt. Dafür benötigen Schulen konkrete Anti-Mobbing-Strategien. Doch wie lässt sich Mobbing wirksam vorbeugen? Welche Maßnahmen können Schulen ergreifen?

Erfolgreiche Präventionsarbeit basiert nicht auf Einzelaktionen, denn diese zeigen nur eine geringe und zu wenig nachhaltige Wirkung. Ein **Handeln der ganzen Schule** hingegen, bei dem alle an einem Strang ziehen, kann das Entstehen von Mobbing zwar nicht 100 %-ig vermeiden, jedoch die Wahrscheinlichkeit dafür deutlich senken. Der schwedisch-norwegische Psychologe Dan Olweus, der sich intensiv mit der Erforschung von Gewalt an Schulen auseinandergesetzt hat, entwickelte zu diesem Thema ein Progamm, dass den Fokus auf das Schul- und Klassenklima legt und sowohl Präventions- als auch Interventionsmaßnahmen beinhaltet.

Olweus' Programm ist mittlerweile international sehr anerkannt. Viele seiner Grundideen und konkret entwickelten Maßnahmen wurden auch in andere Anti-Mobbing-Konzepte eingebaut und finden heutzutage an zahlreichen Schulen Anwendung.

Im Folgenden werden nun verschiedene bewährte Maßnahmen und Methoden vorgestellt, um die Bandbreite dessen aufzuzeigen, was auf unterschiedlichen Ebenen gegen Mobbing getan werden kann. Zur Präventionsarbeit dienen auch die ► Kopiervorlagen in den Kapiteln 2 bis 5. Aber egal für welche Methoden und welche Materialien Sie sich entscheiden – **die Wirksamkeit und der Erfolg** all dessen **sind maßgeblich abhängig von der Entschlossenheit** des Kollegiums, gegen Mobbing vorzugehen, und der **pädagogischen Geschlossenheit**. Das Präventionskonzept einer Schule sollte also nicht nur gemeinsam diskutiert, sondern auch von allen Kollegen mitgetragen und einheitlich umgesetzt werden.

Maßnahmen auf Schulebene

Bei den Maßnahmen auf Schulebene werden nötige Rahmenbedingungen geschaffen, um Mobbing entgegenzuwirken. Sie erfordern umfangreiche Schulentwicklungsprozesse, die hier nur angeregt werden können. Die Autoren Kindler (2013) und Olweus (2008) nennen als mögliche Maßnahmen:

Präventionsmaßnahmen auf Schulebene

- Empirie: anonyme Fragebogenerhebung (unter Schülern, Eltern, Lehrern) zum Schulklima und schulinterne Veröffentlichung der Ergebnisse
- Aufklärungsarbeit (im Kollegium sowie bei Schülern und Eltern): Pädagogischer Tag zur Gewalt-/Mobbingprävention, Planung und Durchführung von Anti-Mobbing-Aktionen
- Weiterbildung der Lehrkräfte
- weiträumige Vernetzung mit Experten
- Ausbau der Kooperationsstrukturen im Kollegium sowie Kooperationsformen mit Eltern
- Schulordnung gegen Mobbing bspw. in Form einer „Selbstverpflichtung" und deren regelmäßige Evaluation (► siehe Beispiel im Anhang, S. 111)
- bessere/vermehrte Aufsichten während der Pausen
- Verankerung von Gewaltprävention (Soziales Lernen, Coolnesstraining etc.) im Stundenplan
- Bilden von Mobbinginterventionsteams
- Mobbingsprechstunde (beim Vertrauenslehrer), Schülersprechstunde (Schüler beraten Schüler)
- (digitaler) Kummerkasten
- Installieren eines Klassenrats und/oder Einrichten von Klassengemeinschaftsstunden in allen Klassen zur Förderung von Verantwortungsbewusstsein, Problemlösefähigkeit und Gemeinschaftsgefühl
- Schülerselbsthilfe (Streitschlichter, Mobbinghelfer, buddY-Programm, Bus-Guides etc.)
- Patensystem, bei dem eine Gruppe älterer Schüler als feste Betreuer und Ansprechpartner einer Anfangsklasse zugeteilt werden

Spezialfall Cybermobbing

- anonyme Fragebogenerhebung (unter Schülern, Eltern und Lehrern) zur Tragweite von Cybermobbing an der Schule
- Entwicklung eines Konzepts zur schulischen Medienerziehung
- Qualifizierungsmaßnahmen für Lehrer
- Förderung von Mentoren für Neue Medien (ältere Schüler beraten jüngere Mitschüler beim Umgang mit persönlichen Daten im Internet und sind Ansprechpartner bei Problemen mit sozialen Netzwerken, wie Facebook®, Tumblr, oder bei tatsächlichen Fällen von Cybermobbing)

Maßnahmen auf Klassenebene

Neben den auf Schulebene umzusetzenden Maßnahmen gibt es auch zahlreiche Handlungsmöglichkeiten innerhalb der einzelnen Klassen. Den größten Erfolg in der Anti-Mobbing-Arbeit erzielt man dabei nach Kindler (2013), wenn es gelingt, dass die Klasse selbst Mobbing aktiv ablehnt. Außerdem hat auch das Classroom-Management erheblichen Einfluss auf das Entstehen von Mobbing. Somit bieten sich auf der Klassenebene vielfältige Chancen und Möglichkeiten zur Prävention (vgl. Kindler 2013 und Olweus 2008):

Info

Präventionsmaßnahmen auf Klassenebene

- positive Gestaltung des Klassenlebens, Förderung eines vertrauensvollen Klassenklimas
- verbindliche, realistische Klassenregeln
- erleben eines demokratischen Miteinanders (Klassenrat bzw. -sitzungen)
- Unterstützung und Förderung kooperativen Verhaltens und kooperativen Lernens (► siehe Methodenhinweise, S. 23 ff.)
- Klassenempirie: regelmäßige Erhebung und Evaluation des Klassenklimas (Feedbackbögen) (► siehe Kopiervorlage „Klassenklima – Die Stimmungskurve", S. 72)
- Installieren eines Klassenbriefkastens/Kummerkastens
- Planung und Durchführung von gemeinsamen Klassenaktivitäten
- Thematisierung von Mobbing, z. B. in Klassenlehrerstunden oder im Rahmen von Projekttagen
- Förderung der Selbstreflexion/des kritischen Hinterfragens des eigenen Verhaltens (auf eigene Mobbingtendenzen achten)
- allgemeine Aufmerksamkeitsschärfung
- Förderung der Kommunikations- und Konfliktfähigkeit
- Werteerziehung, Training sozialer Kompetenzen und Empathie
- Einüben konkreter Verhaltensweisen bei Mobbingangriffen
- Selbstsicherheitstrainings; Stärkung von Selbstbewusstsein und Selbstbehauptung

► siehe hierzu insbesondere die Kopiervorlagen in Kapitel 5 „Eine Klasse – wir gegen Mobbing", S. 71 ff.

Spezialfall Cybermobbing

- Medienerziehung: kritikfähiger Umgang mit Medien (Handy, Internet)
- verbindliche Regeln für die Nutzung moderner Medien (Verhaltenskodex: Vereinbarung gegen Cybermobbing)
- Ausbildung zu Schüler-Scouts (Unterstützung von Jugendlichen durch Jugendliche)
- Beratung und Hilfe bei Internet-Fragen, wie zu den Sicherheitseinstellungen bei Facebook® & Co., ebenso wie Aufklärungsarbeit zu rechtlichen Fragen (Bild- und Persönlichkeitsrechte)

► siehe hierzu insbesondere die Kopiervorlagen zu Kapitel 3 „Cybermobbing", S. 43 ff.

Kooperation mit Kollegen und Schulleitung

Die Basis für eine erfolgreiche schulische Anti-Mobbing-Arbeit ist in jedem Fall eine enge Zusammenarbeit von Kollegen und Schulleitung. Bereits auf präventiver Ebene, also auch ohne akuten Mobbingverdacht, bieten sich hier vielfältige Kooperationsmöglichkeiten, mit denen sich potenzielle Probleme schon im Ansatz bekämpfen lassen. Die Umsetzung der im unten stehenden Kasten aufgeführten Kooperationsstrategien stellt hohe Anforderungen an ein Kollegium und setzt einige **Bedingungen** voraus. Im Idealfall sind dies u. a.: ein von allen Kollegen getragener Wertekonsens, gemeinsame pädagogische Ziele, ein wertschätzendes Miteinander, eine konstruktive Kommunikations- und Konfliktkultur der Kollegen und eine Arbeitshaltung, in der Probleme offen angesprochen werden können.

In vielen Kollegien sind diese Bedingungen allerdings sicherlich nicht komplett oder nur ansatzweise erfüllt. Lehrkräfte, die sich engagiert für Anti-Mobbing-Arbeit einsetzen möchten, sollten sich daher auch auf **fehlende Unterstützung** und/oder **Widerstände** im Kollegium einstellen. Dort, wo zwischen Kollegen Konkurrenz statt Kooperation herrscht, ist es schwierig bis unmöglich, erfolgreich gegen Mobbing vorzugehen. Leider kommt es immer wieder vor, dass Lehrer ihre eigene Kompetenz infrage gestellt sehen und sich indirekt angegriffen fühlen, wenn sie auf einen Mobbingfall oder auch nur auf die bestehende Gefahr dafür und die daraus resultierende Notwendigkeit für präventive Maßnahmen angesprochen werden. So kann es sein, dass sogar mit abwehrenden Äußerungen reagiert wird, nach dem Motto: *„In meinem Unterricht passieren solche Dinge nicht. Ich habe keine Probleme mit Mobbing."*

Ebenso kann es sein, dass die Schulleitung nur wenig oder gar keinerlei Bereitschaft zeigt, ein Konzept für die Anti-Mobbing-Arbeit auf die Beine zu stellen oder auch nur mitzutragen. Gründe hierfür können sein, dass Ordnungsmaßnahmen viel Zeit- und Arbeitsaufwand mit sich bringen oder auch die Auseinandersetzung mit einzelnen Eltern gefürchtet werden. Andere Schulleiter wiederum haben Angst vor einer schlechten Außenwirkung ihrer Schule. So kann es sein, dass sie, anstatt dafür zu sorgen, dass Mobbing aufgedeckt wird und die Täter bestraft werden, das präventive und/oder intervenierende Vorgehen gegen Mobbing nicht unterstützen, sondern sogar verhindern wollen.

Trotz allem richtet sich an alle Lehrkräfte der Appell, ihre pädagogische Verantwortung gegenüber (potenziellen) Opfern, ihren Klassen und den Tätern wahrzunehmen und sich an ihrer Schule für eine erfolgreiche Anti-Mobbing-Arbeit einzusetzen. Oft lassen sich Kollegen, die sich zunächst kritisch oder ablehnend zur Anti-Mobbing-Arbeit geäußert haben, überzeugen und mitziehen.

Kooperationsstrukturen im Kollegium und mit der Schulleitung

- Verständigung aller (Team-)Kollegen auf **gemeinsame Klassenregeln**, die nach dem Prinzip der pädagogischen Geschlossenheit von allen Kollegen gleichermaßen eingefordert werden und auf deren Einhaltung gemeinsam geachtet wird
- Einigung auf ein **grundsätzliches Eingreifen** bei Auslachen, Beleidigen und Bloßstellen
- Beschließen **einheitlicher Sanktionen**
- **regelmäßiger Austausch** über die Situation in den gemeinsamen Klassen
- **Meldung von Auffälligkeiten** in der Klasse bzw. einzelner Schüler und schnelle Weitergabe der Informationen an die Klassenlehrer/die Schulleitung
- gegenseitige Rückmeldungen zum **eigenen Verhalten** (Abgleich von Selbst- und Fremdwahrnehmung)

Kooperation mit Eltern

Eltern sind zum Teil sehr überrascht, wenn sie hören, dass ihr Kind gemobbt wird. Erfahren sie von den Mobbingattacken, reagieren sie sehr unterschiedlich: betroffen, traurig, wütend oder hilflos. Um ihren Kindern zu helfen und sie vor weiteren Angriffen zu bewahren, behüten manche Eltern ihre Kinder übermäßig, andere raten ihren Kindern, sich aggressiv zu wehren – oder sie werden selbst aktiv und wirken auf die Mobber ein. Eltern, deren Kind selbst als Täter oder als (mehr oder weniger aktiver) Mitläufer involviert ist, reagieren ebenfalls sehr verschieden: mit Vorwürfen, Bestrafungen, Verboten, Liebesentzug oder aber auch mit Verständnis oder sogar mit Verteidigung der Handlungen.

Für die Schule besteht nun an verschiedenen Stellen Handlungsbedarf: Zum einen ist es ihre Aufgabe, die Eltern ganz grundsätzlich für das Thema zu sensibilisieren und ein **Problembewusstsein zu schaffen**. Zum anderen sollten Mobbing und Gewalt an einer Schule weder bagatellisiert noch verheimlicht werden. Für Eltern ist es nicht nur wichtig, sondern auch entlastend, wenn die Schule sich **bei akuten Gewaltfällen transparent** verhält, sich **offen** damit auseinandersetzt und **offensiv** einschreitet. Dies schafft Vertrauen und bindet die Eltern in die Anti-Mobbing-Arbeit gezielt ein.
Um Eltern gegen Mobbing zu mobilisieren und in akuten Situationen eng und einvernehmlich mit ihnen zusammenzuarbeiten, sind die im unten stehenden Kasten aufgeführten Maßnahmen sinnvoll.

All die in diesem Kapitel genanten präventiven Maßnahmen können in der Schule in der Regel mit relativ einfachen Mitteln ein- und durchgeführt werden. Die erfolgreiche Umsetzung der Maßnahmen ist dabei in erster Linie eine Frage der **Veränderung von Einstellungen, Verhaltensweisen und Routineabläufen** im Schulalltag.

Präventionsmaßnahmen in der Elternarbeit

- **Vorstellen des schulischen Konzepts zur Werteerziehung** und dessen Umsetzung (Anti-Gewalt-Programm der Schule, Maßnahmen bei Mobbing, schulinterne Regeln und Handlungsoptionen)
- **regelmäßige Treffen**, bei denen Eltern, Schüler und Lehrkräfte die Gelegenheit haben, einander kennenzulernen und Vertrauen aufzubauen
- **Infoabende und/oder Elternbriefe zum Thema „(Cyber-)Mobbing"; inklusive Vorstellung der Präventionsaktivitäten auf Klassen- und Schulebene** (► hierzu können Sie bspw. die „Einladung zum Elternabend" nutzen, siehe Anhang, S. 109)
- **Appell zur Unterstützung** der schulischen Erziehungsarbeit (► hierzu können Sie bspw. den Elternbrief „Aufforderung zur Unterstützung" verwenden, siehe Anhang, S. 110) – dabei sollte deutlich werden, dass Eltern bei der Anti-Mobbing-Arbeit eine wichtige Funktion einnehmen, indem sie mit ihren Kindern regelmäßig im Gespräch über den Schulalltag bleiben, sie ernst nehmen, unterstützen und eine Vertrauensbasis schaffen, um so Mobbing vorzubeugen bzw. schnelles Eingreifen zu ermöglichen
- **Zusammenstellung eines kleinen Elternratgebers**, der über „Warnzeichen" für Mobbing informiert und Tipps zum Verhalten bei einem akuten Mobbingverdacht sowie zu Medienkonsum und -nutzung liefert
- **Einrichtung eines gemeinsamen Arbeitskreises** mit Eltern und Lehrkräften zum Thema Gewaltprävention; evtl. finden sich unter den Eltern sogar Fachleute, die eingeladen werden können (Polizisten, Sozialarbeiter, Rechtsanwälte, IT-Experten o. Ä.)
- **Information über (externe) Hilfsangebote und Anlaufstellen**
- **Benennung eines festen schulischen Ansprechpartners** für die Eltern von Opfern und Tätern
- **Einrichtung von Diskussionsgruppen** für Eltern von Tätern und Opfern

Maßnahmen zur Intervention

Eltern von gemobbten Kindern verlangen meist, dass Lehrkräfte bei Mobbing sofort und für alle sichtbar eingreifen und es beenden. Noch viel zu oft passiert jedoch genau dies nicht und die Lehrkräfte verharmlosen das Problem, reagieren – aus Unkenntnis, Fehleinschätzung oder Überforderung – gar nicht oder erst sehr spät. Viele glauben zudem, die Schule könne sowieso nichts gegen Mobbing tun.

Doch das ist falsch, denn **ob sich Konflikte zu Mobbing entwickeln, hängt vom Umgang mit ihnen ab**. Entscheidend ist also, wie die Lehrkräfte reagieren. Wenn sie bei Beleidigungen weghören, bei sich anbahnenden Problemen wegschauen oder im Scherz sogar ab und zu mitlachen, fühlen sich die Mobber in ihrem Verhalten bestärkt und die Konfliktsituation wird sich verschärfen. Aller Wahrscheinlichkeit nach werden die Mobbingattacken zunehmen und das Opfer wird die Hoffnung verlieren, von den Lehrkräften Hilfe zu bekommen. Konflikte und Mobbingsituationen können sich jedoch auch auflösen. Dazu ist es notwendig, dass Lehrkräfte ...

- **genau hinhören und aufmerksam beobachten**, was in ihrer Klasse/Schule gesagt wird und passiert,
- ihre **Schüler ernst nehmen**,
- die **„Warnsignale" für Mobbing kennen**, auf sie achten und
- in Akutfällen **sofort eingreifen und handeln**, um weiteren Schaden von den Betroffenen abzuwenden.

Die Lehrkräfte nehmen in der Anti-Mobbing-Arbeit eine entscheidende Rolle ein und haben großen Einfluss auf deren Erfolgschancen. Es ist unbedingt wichtig, dass sie eine deutliche Position gegen das Mobbing beziehen und bei akuten Mobbingsituationen ohne zu zögern eingreifen. Zudem bieten sie bei konsequentem Einschreiten und verantwortungsbewusstem Handeln auch ein **positives Verhaltensmodell** für ihre Schüler.

Doch was genau ist in Akutfällen genau zu tun? Welche interventiven Maßnahmen können Schulen ergreifen? Diese Fragen sollen in den nächsten Abschnitten beantwortet werden.

Konkrete Handlungsmöglichkeiten

Pädagogen benötigen, um bei Mobbing eingreifen zu können, nicht nur eine Menge **Feingefühl**, sondern auch **Kenntnisse über wirkungsvolle Lösungen** im Umgang mit konkreten Mobbingvorfällen. Hierzu gehören folgende Handlungsmöglichkeiten:

Mögliche Interventionsmaßnahmen bei akuten Mobbingfällen

- Gespräche mit den Tätern und den Mobbingopfern
- Gespräche mit den Eltern der beteiligten Schüler (umfassende Information über schulische Interventionsmaßnahmen und Hilfsangebote sowie Einfordern von Unterstützung)
- Sichern von Beweisen (Mobbingtagebuch, Gesprächsprotokolle)
- Opferschutz; Hilfe von „neutralen" Schülern
- Beschluss von Sanktionen (Ordnungsmaßnahmen)
- Ergreifen rechtlicher Konsequenzen (Strafanzeige)
- Hinzuziehen externer Experten (Schulpsychologen, Mobbingberater, Rechtsberater, Polizei)
- Klassen- und Schulwechsel (sollten alle anderen Lösungsansätze gescheitert sein)

Bewährte Konzepte

Es gibt mittlerweile eine große Anzahl von Konzepten zur Anti-Mobbing-Arbeit für die Schule, die in der Praxis zunehmend eingesetzt werden und sehr erfolgreich sind. Dabei sind die Lösungsansätze, die den Konzepten zugrunde liegen, zum Teil sehr unterschiedlich. Welches Konzept für die eigene Schule am geeignetsten und am besten umsetzbar ist, muss letztendlich jede Schule selbst entscheiden. Wichtig ist, dass überhaupt entschieden gegen Mobbing vorgegangen wird – egal mit welchem Konzept.

Damit Sie sich einen ersten Überblick verschaffen können, welches Spektrum an Möglichkeiten die verschiedenen Interventionskonzepte bieten, werden Ihnen im Folgenden drei der gängigsten Konzepte mit verschiedenen Lösungsansätzen kurz vorgestellt. Die konkreten Handlungsschritte und Hinweise zur Umsetzung dieser drei Konzepte finden sich in Kapitel 6: „Weiterführende Hinweise für den Lehrer – Was tun im Akutfall?" (► siehe S. 89 ff.).

Das „Trainer-Konzept"

Bei dem von Mustafa Jannan entwickelten Konzept stehen der Opferschutz und die Zivilcourage der Mitschüler im Vordergrund. Freiwillige Mitschüler werden als „Trainer" für das Opfer und für den/die Täter eingesetzt. Dadurch soll zum einen das Mobbingopfer unterstützt und vor weiteren Mobbingattacken beschützt werden. Zugleich sollen die Täter an ihrer Gewaltausübung gehindert werden und durch Rückmeldungen der „Trainer" lernen, das eigene Verhalten besser wahrzunehmen, zu kontrollieren und – im Idealfall – zu ändern (vgl. Jannan 2010).

Trainer-Konzept

- Interventionsansatz ohne Schuldzuweisung und mit Beteiligung einiger Schülder der Klasse/Lerngruppe
- Einsetzen von Mitschülern als Trainer für das Opfer: sie bieten ihm Hilfe und Unterstützung und greifen bei weiteren Mobbingattacken unmittelbar verbal ein
- Einsetzen von Mitschülern als Trainer für die Mobber: sie geben ihnen Rückmeldung, wenn sie Mobbingverhalten beobachten
- Einsatz von Rückmeldebögen
- Kontrolle der Beobachtungen im Wochenrhythmus
- Verzicht auf Einbeziehung der Eltern

Einsatzmöglichkeiten:

- bei jüngeren Schülern
- bei Mobbingfällen, bei denen es nur ein bis zwei Täter gibt und das Opfer auch Freunde in der Klasse hat

► zum Ablauf des Trainer-Konzepts siehe S. 92 f.

Der „No-Blame-Approach"

Der in den 1980er-Jahren von Barbara Maines und George Robinson in England entwickelte „No-Blame-Approach" ist ein Interventionskonzept, bei dem – wie der Name bereits sagt (engl. „no blame" = keine Schuld) – auf jegliche Schuldzuweisung und Konfrontation der Täter mit ihren Übergriffen verzichtet wird.

Dieser lösungsorientierte und nicht strafende Ansatz ermöglicht den Mobbern und Mitläufern einen Rollenwechsel: von Tätern zu Problemlösern. In einem mehrschrittigen Verfahren wird mit einer größeren Schülergruppe aus einer Klasse (ca. sechs bis acht Personen), darunter auch die Mobber, nicht aber das Opfer selbst, ein Gespräch geführt, bei dem Lösungen für das Mobbingproblem entwickelt werden. Die Lösungsvorschläge der Gruppe werden eigenverantwortlich umgesetzt und nach einem kurzen Zeitraum in Einzelgesprächen mit jedem Schüler der Gruppe sowie mit dem Opfer auf ihre Wirkung hin überprüft (siehe auch Infokasten auf der folgenden Seite). Dieser Ansatz zeigt in der Praxis eine sehr hohe Erfolgsquote.

Info

No-Blame-Approach

- Interventionsansatz ohne Schuldzuweisung (Win-win-Situation) und unter Einbeziehung mehrerer Schüler der Klasse/Lerngruppe
- Einholen des Einverständnis der Eltern des Opfers zur Durchführung der Methode
- keine Bestrafung der Täter
- keine inhaltlichen Einzelheiten zu den Mobbingvorfällen
- freiwilliges Mitwirken aller Beteiligten
- gemeinsames Lösungsgespräch mit den Mobbern, Mitläufern und weiteren unbeteiligten Mitschülern, die eine Unterstützergruppe bilden, mit dem Ziel, die Lage des gemobbten Schülers zu verbessern
- Ansprache der Schüler als Helfer und nicht als Schuldige
- der/die Täter sollen zur Lösung des Problems selbst beitragen
- eigene Entwicklung von Maßnahmen/Vereinbarungen durch die am Gespräch Beteiligten (*„Was könnt ihr tun, damit es Schüler XY besser geht?“*)
- Nachbesprechung und Überprüfung in Einzelgesprächen

Einsatzmöglichkeiten:

- bei Schülern aller Altersstufen und Schulformen
- bei „leichten“ Mobbingfällen und aufkeimenden Problemen, bei denen auf Sanktionen verzichtet werden kann

► zum Ablauf des No-Blame-Approach siehe S. 93 f.

Die „Farsta-Methode“

Farsta ist ein Stadtteil von Stockholm, in dem die Interventionsmethode von Karl Ljungström und seinem Team entwickelt und erfolgreich angewandt wurde. Im Gegensatz zum „No-Blame-Approach“ wird bei diesem Ansatz der Täter mit seiner Tat konfrontiert und er hat die Konsequenzen seines Verhaltens zu tragen. Dieses Konzept umfasst wie die beiden bereits vorgestellten Methoden ein mehrschrittiges Verfahren: In einem unangekündigten Gespräch wird der Täter mit seinen Taten konfrontiert.
Da Rechtfertigungsversuche nicht zugelassen werden, ähnelt das Gespräch in seiner Durchführung einem Verhör und sollte in dieser Form nur stattfinden, wenn der Mobbingverdacht sicher begründet ist. Da der mobbende Schüler als Kooperationspartner für die Anti-Mobbing-Arbeit gewonnen werden soll, werden konkrete Vorschläge zur Verhaltensänderung erarbeitet und der Schüler verpflichtet sich, diese einzuhalten. Nach einer Bewährungszeit erfolgt ein Abschlussgespräch mit Kontrolle der Einhaltung der getroffenen Vereinbarungen. Weitere Maßnahmen, wie Sanktionen, sind dann erforderlich, wenn der Schüler nicht kooperiert und/oder sich keine Änderung in seinem Verhalten gezeigt hat.

Info

Farsta-Methode

- Interventionsansatz mit direkter Konfrontation
- Konfrontationsgespräch mit dem/den Tätern mit intensiver Befragung
- detaillierte und situationsgenaue Recherche aller Mobbinghandlungen
- Dokumentation anhand eines Protokollbogens
- schriftliche Selbstverpflichtung der Täter mit konketen Vorschlägen, wie sie sich zukünftig dem Opfer gegenüber verhalten werden
- Festlegen einer „straffreien“ Bewährungszeit für die Täter
- Überprüfung und gemeinsames Abschlussgespräch mit Tätern und Opfern
- Ordnungsmaßnahmen bei fehlender Kooperation/Uneinsichtigkeit der Täter
- Informieren der Eltern über schulische Handlungsschritte

Einsatzmöglichkeiten:

- bei älteren Schülern (jüngere Schüler können wegen des Verhörcharakters durch die Methode stark verunsichert werden)
- bei „schweren" Mobbingfällen, bei denen das Opfer wiederholt angegriffen wurde
- bei Schülern, die bereits mehrfach als Mobbingtäter aufgefallen sind und bei denen bisherige Maßnahmen (Ermahnungen, Versprechen) nicht gegriffen haben

► zum Ablauf der Farsta-Methode siehe S. 95 f.

► *Eine hilfreiche Zusammenstellung der möglichen Schritte bei einem konkreten Mobbingfall finden Sie im Anhang auf S. 105 f. Dort werden die bisher beschriebenen Maßnahmen auf zwei Seiten übersichtlichen zusammengefasst.*

Methodische Hinweise zu den Materialien

Nachdem Sie sich nun mit den wichtigsten Aspekten rund um das Thema Mobbing vertraut gemacht haben, können Sie direkt mit dem Einsatz der Materialien beginnen, um bei der Anti-Mobbing-Arbeit keine wertvolle Zeit zu verlieren. Dabei liegt der **Schwerpunkt** auf den **Arbeitsblättern zur Mobbingprävention in den Kapiteln 2 bis 5**. Hierzu vorab noch ein paar allgemeine, methodische Hinweise:

Eins der wichtigsten Elemente der Präventionsarbeit ist die **Förderung und Stärkung der Klassengemeinschaft**. Ist sie intakt, lässt sich Mobbing am effektivsten vorbeugen. Wie stark eine Klasse zusammenhält, hängt vor allem von den sozialen Kompetenzen der Schüler ab. Schüler, die geübt darin sind, mit anderen zusammenzuarbeiten, zu diskutieren, sich (positiv) zu messen, sich richtig zu streiten und den Mitschülern auch bei völlig unterschiedlichen Charakteren offen und tolerant gegenüberzutreten, lernen auch, mit Konfliktsituationen besser umzugehen und ihrem Gegenüber fair zu begegnen. Durch bestimmte Methoden, wie denen des „Kooperativen Lernens" nach Norm und Kathy Green, kann das soziale Miteinander einer Klasse gezielt gefördert werden. Aus diesem Grund **wurde den kooperativen Methoden** des gemeinsamen Lernens und Arbeitens **in den vorliegenden Materialien bewusst viel Raum gegeben**. So wird unter den Schülern nicht nur durch die Themen der Arbeitsblätter, sondern auch durch deren Methodik ein respektvoller, demokratischer Umgang gefördert, geprägt von Hilfsbereitschaft, Toleranz und gegenseitigem Respekt.

Damit Sie das kooperative Lernen auch außerhalb dieser Materialien regelmäßig in Ihren Unterricht einbinden können, erhalten Sie auf den folgenden Seiten eine **Kurzvorstellung der gängigsten Methoden** inklusive konkreter Anleitungen für die Umsetzung (vgl. dazu Bochmann/Kirchmann 2012 und Hoffmann 2009). Dabei finden Sie unter jeder der hier vorgestellten Methoden einen Hinweis, auf welchem Arbeitsblatt im Materialteil sie konkret eingesetzt wird, sodass Sie gleich auch ein Beispiel für die praktische Umsetzung erhalten. **Auf den jeweiligen Kopiervorlagen** für die Schüler wiederum befinden sich **Methodenkästen**, die den Jugendlichen Schritt für Schritt erklären, wie die entsprechende Methode funktioniert. Die Arbeitsblätter **eignen sich daher auch hervorragend zur Einführung der Methoden in Ihrer Klasse**, falls die Schüler sie bisher noch nicht kennen.

Davon abgesehen, wurden **viele der Arbeitsanweisungen auf Partner- oder Gruppenarbeit ausgerichtet** – hier können Sie selbst und je nach Lerngruppe entscheiden, ob Sie die Aufgaben in eine kooperative Methode kleiden wollen und welche sie dafür einsetzen möchten. Sie werden sehen, wenn Sie sich einmal ein kleines Methodenrepertoire angeeignet haben und auch die Schüler mit den entsprechenden Formen des kooperativen Lernens vertraut sind, wird es Ihnen immer leichter fallen, diese in Ihrem Unterricht zu integrieren und so kontinuierlich die sozialen Kompetenzen Ihrer Schüler zu fördern, sodass Mobbing in Ihrer Klasse bald keine Chance mehr hat.

Methoden zur Partner- und Gruppenfindung sowie Meinungsabfrage

„Line-up“

Vorbereitung:
keine besondere Vorbereitung nötig

Einsatz zur Partner- oder Gruppenbildung:
Ablauf:
- Die Schüler stellen sich nach einem bestimmten Kriterium der Reihe nach auf, z. B. ...
  - nach ihrem Geburtstag, vom Ältesten zum Jüngsten
  - in alphabetischer Reihe (Vorname/Nachname)
  - nach ihrer Größe (Körpergröße/Schuhgröße/Handgröße)
  - nach Haarlänge, Gewicht, Hausnummer, Entfernung zur Schule
  - nach einer Nummer, die jedem in die Handfläche getippt wurde, etc.
- Es können nun Paare gebildet werden, indem Sie bspw. den ersten und letzten Schüler zusammenbringen, den zweiten und zweitletzten usw. Sie können die Reihe auch in der Mitte teilen und die so entstehenden zwei neuen Reihen sich gegenüber aufstellen lassen. Die Gegenüberstehenden sind dann die Partner.
- Für Gruppenbildungen sind entsprechend weitere Teilungen möglich.

Variation:
Die Schüler dürfen beim Aufstellen nicht reden, sondern sich nur mit Gesten verständigen.

Die Methode eignet sich auch zur Abfrage von Meinungen:
Ablauf:
- Die Schüler stellen sich nach einer bestimmten Frage zu ihrem Standpunkt oder ihrer Einschätzung auf, z. B.:
  - „Wie schätzt ihr unser Schulklima ein?“ (von „gut“ über „mittel“ nach „schlecht“ sortieren lassen)
  - „Ein Vater rasiert seinem Sohn gegen seinen Willen die Haare ab. Ist das eine Form von Gewalt?“ (von „starke Gewalt“ bis hin zu „keine Gewalt“ sortieren lassen)
  - „Was sagt ihr zu der Behauptung, dass immer mehr Jugendliche das Internet zum Mobben missbrauchen?“ (von „stimmt“ über „teils, teils“ zu „stimmt nicht“ sortieren lassen)
  - „Bezieht Stellung zu folgender Aussage: ‚Was Schüler im Internet machen, geht die Schule nichts an.‘ Ordnet euch den Standpunkten ‚stimmt‘, ‚teils, teils‘, ‚stimmt nicht‘ zu.“

► Beispiel auf Kopiervorlage „Facebook®, WhatsApp und Co.“, siehe S. 48

Wenn sich Schüler untereinander gut kennen, macht diese Methode den Jugendlichen großen Spaß und wirkt sich gleichzeitig positiv auf das Klassenklima aus. Da die Zusammenarbeit mit unterschiedlichen Partnern und in immer neu zusammengesetzten Gruppen dabei helfen kann, in einer Klasse oder Lerngruppe Fremdheit abzubauen und Vertrauen zueinander aufzubauen, finden Sie im Folgenden eine Aufzählung mit **weiteren Anregungen zur kooperativen Partner- und Gruppenfindung**. Aus diesem Ideenpool können Sie dann diejenigen wählen, die für Ihre Schüler am besten geeignet sind.

Mit Material: „Kategorien finden"

Vorbereitung:
je nach Medium (s. u.)

Ablauf:

- Ein Medium (s. u., bspw. Spielkarten) wird hergestellt oder mitgebracht und an alle Schüler verteilt.
- Die Schüler bewegen sich im Klassenraum und suchen anhand eines bestimmten Kriteriums ihre Partner/Gruppenmitglieder.
- Die gefundenen Partner/Gruppen setzen sich zusammen hin.

Mögliche Medien:

- Kartenspiele (Memory®-, Quartett-, Spielkarten): Schüler mit den gleichen/zueinander passenden Spielkarten tun sich zusammen (z. B. alle Könige, alle Siebenen etc. oder alle Karos, alle Herzen usw.).
- Farben/Formen (z. B. auf vorbereiteten Farbkarten oder Spielfiguren): Schüler mit den gleichen Farben/Formen tun sich zusammen.
- Textpuzzle (Liedtexte, Rezepte, Seiten einer Fernsehzeitung etc. zerschnitten in die gewünschte Anzahl der Gruppenmitglieder): Schüler mit zueinandergehörenden Textteilen tun sich zusammen.
- Bildpuzzle (Postkarten, Kalenderbilder, Fotos etc. – zerschnitten in die gewünschte Anzahl der Gruppenmitglieder): Schüler, die zusammengehörige Puzzleteile gezogen haben, tun sich zusammen.
- verschiedene Gegenstände in einem Sack/einer Kiste (immer zwei oder mehr gehören zusammen, z. B. Bleistift und Radiergummi = 2er-Team; Feuerzeug und Kerze = 2er-Team; Messer, Gabel und Löffel = 3er-Team; 5-Cent-, 10-Cent-, 1-Euro- und 2-Euro-Stück = 4er-Team): Schüler, die zueinander passende Gegenstände ziehen, tun sich zusammen.
- berühmte Paare/Gruppen aus Märchen, Fernsehserien oder Bands (einzeln auf Kärtchen geschrieben; z. B. Schneewittchen – die sieben Zwerge, Asterix – Obelix, Tick – Trick – Track): Schüler, die zueinander passende Karten gezogen haben, tun sich zusammen.
- Familienangehörige (auf Karten geschriebene Namen von Mitgliedern verschiedener Familien; z. B. Herr Meier, Frau Meier, Meike Meier, Daniel Meier etc. – Herr Schmidt, Frau Schmidt etc.): Schüler, die Karten derselben Familie gezogen haben, tun sich zusammen.
- Tierarten (verschiedene Tiere, entweder auf Karten geschrieben oder als Foto): Schüler, die Tiere derselben Art gezogen haben, tun sich zusammen (z. B. alle Vögel, Affen, Hunde etc.) – Abwandlung: Lassen Sie die Tiere durch Pantomime oder durch Laute zueinander finden.
- Bonbons und andere Süßigkeiten (immer zwei oder mehr derselben Sorte): Schüler mit der gleichen Süßigkeit tun sich zusammen.
- berühmte Persönlichkeiten (auf Karten geschrieben, z. B. Schauspieler, Politiker, Sportler): Schüler, die Persönlichkeiten aus derselben Kategorie gezogen haben, tun sich zusammen.

Ohne Material: „Abzählen"

Vorbereitung:
keine besondere Vorbereitung nötig

Ablauf:

- Die gesamte Lerngruppe sitzt oder steht im Kreis.
- Sie geben die Anzahl der zu bildenden Kleingruppen bekannt (z. B. drei).
- Die Schüler beginnen, durchzuzählen, und zwar immer bis drei: „1 – 2 – 3 – 1 – 2 – 3 – 1 etc.).
- Die Schüler derselben Zahl finden sich zu einer Gruppe zusammen.

Ohne Material: „Gegenteile"

Vorbereitung:
keine besondere Vorbereitung nötig

Ablauf:
- Nennen Sie ein beliebiges Gegensatzpaar mit Eigenschaften Ihrer Schüler, z. B. „groß – klein", „blond – dunkelhaarig", „Junge – Mädchen" ...). – Oder aber Sie lassen die Schüler selbst ein Gegensatzpaar erfinden und nennen.
- Die Schüler bilden nun Paare, in denen die zwei Partner sich in der genannten Eigenschaft unterscheiden (also z. B. ein großer und ein kleiner Schüler, ein blonder und ein dunkelhaariger Schüler etc.).

Ohne Material: „Könner und Nichtkönner"

Vorbereitung:
keine besondere Vorbereitung nötig

Ablauf:
- Nennen Sie eine Fähigkeit, z. B. Fußball spielen, Französisch sprechen, ein Musikinstrument spielen können etc.
- Alle Schüler, die die genannte Fähigkeit haben, tun sich zusammen; diejenigen Schüler, die diese Fähigkeit nicht haben, bilden die andere Gruppe.

Methoden zur Partner- und Gruppenarbeit

„Think-Pair-Square"

Einsatzmöglichkeiten:
Sammeln von Vorwissen, Erwartungen; Wiederholung eines Themas

Vorbereitung:
Bestimmen Sie einen Zeitwächter, der die Zeit für die einzelnen Schritte im Auge behält.

Ablauf:
- Jeder Schüler schreibt in Einzelarbeit seine Ideen zu einem Thema/einer Fragestellung auf.
- Die Schüler finden sich zu zweit zusammen, tauschen sich in Partnerarbeit über ihre Ideen aus und einigen sich auf ein gemeinsames Ergebnis.
- Im letzten Schritt wird das Ergebnis einem zweiten Paar präsentiert und die Schüler einigen sich in Gruppenarbeit auf ein Gruppenergebnis. Dieses wird im Plenum den anderen Gruppen präsentiert.
  (Sollte nicht ausreichend Zeit zur Verfügung stehen, können Sie die Paare aus dem zweiten Schritt auch direkt ihre Ergebnisse präsentieren lassen, ohne dass sie sich zuvor mit einem anderen Paar darüber austauschen.)

► Beispiel auf Kopiervorlage „Was tun bei Cybermobbing?", siehe S. 55

„Graffiti"

Einsatzmöglichkeiten:
Sammeln von Meinungen, Vorwissen, Wünschen

Material:
pro Gruppe ein DIN-A3-Blatt, Stifte

Vorbereitung:
Stellen Sie mehrere frei stehende Tische im Raum auf und beschriften Sie für jeden Tisch ein Blatt Papier mit einer Frage oder Aufgabe. Legen Sie auf den Tischen außerdem Stifte bereit.

Ablauf:

- Die Schüler bilden Kleingruppen in Anzahl der Tische und jeder Gruppe wird ein Tisch zugewiesen.
- Die Gruppen haben nun 5 – 10 Minuten Zeit, zu der auf ihrem Tisch ausliegenden Frage/Aufgabe all ihre Ideen und Gedanken aufzuschreiben.
- Nach Ablauf der Zeit geht jede Gruppe zum nächsten Tisch, um dort wiederum ihre Einfälle aufzuschreiben. (Idealerweise legen Sie zuvor eine feste Reihenfolge der Tische fest.)
- Die Gruppen wechseln so oft zum nächsten Tisch, bis sie wieder an ihrem Start-Tisch angekommen sind. Dort sichten sie die notierten Ideen und Gedanken, diskutieren und sortieren diese.
- Schließlich fasst jede Gruppe die Ergebnisse kurz zusammen und stellt sie im Plenum vor.

► Beispiel auf Kopiervorlage „Gemeinsam aktiv werden: Wir tun was gegen Mobbing!", siehe S. 82

„Mindmap" – die Gedanken-(Land-)Karte

Einsatzmöglichkeiten:
Aktivieren von Vorwissen; Verarbeiten, Dokumentieren und Visualisieren von Informationen

Material:
pro Gruppe ein DIN-A3-Blatt, (verschiedenfarbige) Stifte

Vorbereitung:
keine besondere Vorbereitung nötig

Ablauf:

- Lassen Sie die Schüler Kleingruppen bilden und sich entsprechend zusammensetzen. Jede Gruppe erhält ein Blatt.
- In die Mitte des Blattes (am besten im Querformat) schreiben die Schüler das Hauptthema/den Hauptbegriff.
- Nun sammeln sie alle Unterthemen, die ihnen dazu einfallen, schreiben sie gut lesbar um das Hauptthema herum und zeichnen für jedes Unterthema einen dicken „Ast" vom Hauptthema dorthin. (Es kann auch jedem Unterthema eine eigene Farbe zugeordnet werden, in der geschrieben und gezeichnet wird.)
- Von den Ästen der Unterthemen können weitere Linien (in derselben Farbe) ausgehen, an die wiederum neue, dazugehörige Gedanken notiert werden. So kann sich die Gedanken-(Land-)Karte immer weiter verzweigen.
- Als Hilfestellung für eine Präsentation der Mindmap können die Schüler die Hauptäste und Zweige in gewünschter Reihenfolge nummerieren.

Für die Mindmap dürfen Wörter oder auch kurze Sätze ebenso wie Symbole und kleine Zeichnungen benutzt werden; außerdem können durch Pfeile oder Linien Querverbindungen skizziert werden.

► Beispiel auf Kopiervorlage „Mobbing: Worum geht es? – Teil 1", siehe S. 30

„Placemat" – die Platzdeckchen-Methode

Einsatzmöglichkeiten:
Sammeln von Vorerfahrungen, Abstimmen über Inhalte, Konsensfindung

Material:
pro Gruppe ein großes Blatt Papier (DIN A3), Stifte

Vorbereitung:
keine besondere Vorbereitung nötig

Ablauf:

- Lassen Sie die Schüler Kleingruppen bilden und sich entsprechend zusammensetzen. Jede Gruppe erhält ein Blatt, das sie so aufteilt, dass jeder Schüler ein eigenes Feld (= Personenfeld) vor sich hat und in der Mitte ein Feld für die Gruppenergebnisse frei bleibt.
- Jeder Schüler notiert im Personenfeld seine Einfälle, Gedanken, Ergebnisse oder Fragen zur gestellten Aufgabe.
- Anschließend sprechen die Schüler innerhalb einer Gruppe über ihre Ergebnisse und vergleichen diese. Dazu können sie das Blatt im Uhrzeigersinn drehen, sodass alle Gruppenmitglieder die Notizen der anderen lesen können.
- Nun wird ein gemeinsames Ergebnis entwickelt und in das Gruppenfeld in der Mitte eingetragen.

► Beispiel auf Kopiervorlage „Unsere ‚Hausordnung' – Regeln für ein gutes Klassenklima", siehe S. 74

Kapitel 2:

Mobbing – Was ist das eigentlich?

Kopiervorlagen

Mobbing: Worum geht es? – Teil 1

Das Wort „Mobbing" habt ihr sicherlich schon gehört. Es wird sehr häufig gebraucht: Viele Schüler – aber auch Lehrer – werden oder fühlen sich als Opfer von Mobbing, Eltern beschweren sich darüber, dass ihr Kind gemobbt wird, und die Medien berichten immer öfter von Mobbingfällen in der Schule. Aber was genau ist Mobbing überhaupt?

METHODE

„Mindmap" – die Gedanken-(Land-)Karte

Material:
ein großes Blatt Papier, verschiedenfarbige Stifte

So funktioniert's – Schritt für Schritt:

» Schreibt in die Mitte eures Blattes (am besten nehmt ihr es im Querformat) das Hauptthema „Mobbing".
» Sammelt eure Gedanken zu dem Begriff und überlegt euch, welche Unterthemen für euch wichtig sind (z. B. „Arten von Mobbing", „Orte, an denen Mobbing geschieht" usw.). Zeichnet für jedes Unterthema eine dicke Linie in jeweils einer anderen Farbe.
» Von den Unterthemen können weitere Linien in derselben Farbe ausgehen, an die ihr passende Themen und Gedanken schreibt, sodass sich eure Gedanken-(Land-)Karte immer weiter verzweigt.

Tipp: *Für die Mindmap dürft ihr sowohl einzelne Wörter als auch kurze Sätze notieren; außerdem könnt ihr auch kleine Zeichnungen anfertigen, um Aspekte anschaulicher darzustellen.*

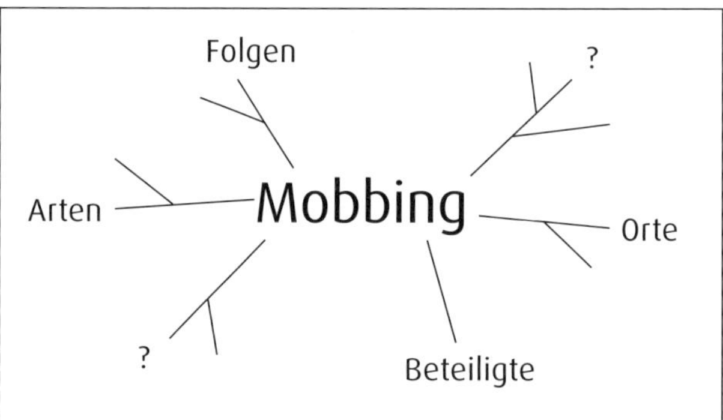

AUFGABEN

1. **Bildet Kleingruppen von drei bis fünf Schülern und diskutiert über folgende Fragen:**
   Was ist Mobbing für euch? Wo passiert es und welche Arten von Mobbing kennt ihr?
   Erstellt dazu ein Plakat. Schreibt nach der Mindmap-Methode alles auf, was ihr zum Thema wisst (oder vermutet), und präsentiert euer Plakat anschließend den anderen Gruppen.

2. **Tauscht euch in eurer Gruppe darüber aus, welche Erfahrungen ihr bereits mit Mobbing habt:**
   → Seid ihr selbst oder ist ein Freund/eine Freundin Zeuge oder Opfer von Mobbing geworden?
   → Was habt ihr oder euer Freund/eure Freundin dagegen unternommen?
   → Habt ihr schon einmal selbst Mobbing betrieben?

3. **Sucht in Online-Zeitungen oder in gedruckten Zeitschriften nach Überschriften und Bildern zum Thema und ordnet sie eurer Mindmap aus Aufgabe 1 zu.**

4. **Diskutiert mit der Klasse, wie der Begriff „Mobbing" im alltäglichen Gebrauch verwendet wird. Ist die Verwendung immer richtig?**
   Begründet eure Antwort und nennt Beispiele.

ISBN 978-3-8346-2932-6 | www.verlagruhr.de

Mobbing: Worum geht es? – Teil 2

Schlagzeile: ....

Bildunterschrift: ....

Artikel: ....

....

....

....

....

....

....

....

....

AUFGABEN

1. **Schaue dir das Foto an. Es wurde in einer Zeitschrift zum Thema „Mobbing" abgedruckt.**
   a) Finde eine mögliche Schlagzeile und eine geeignete Bildunterschrift für das Foto.
   b) Formuliere dann einen kurzen Artikel dazu.
2. **Lest eure Artikel mit Schlagzeile und Bildunterschrift in der Klasse vor. Beschreibt anschließend, welche Gefühle sich beim Verfassen eurer Texte und auch während des Zuhörens bei euch eingestellt haben. Sammelt eure Eindrücke, Emotionen und Gedanken stichwortartig an der Tafel.**

ISBN 978-3-8346-2932-6 | www.verlagruhr.de

Ein realer Fall

Sylvia Hamacher ging gern zur Schule und war ein glücklicher Mensch. Bis sie zum Mobbingopfer wurde. Ihre Erfahrungen hat die 17-Jährige in dem Buch „Tatort Schule" verarbeitet.

Sylvia, wie ging es damals mit dem Mobbing gegen dich los?
Sylvia: *Ich wollte eine Halloween-Party für ein paar Freundinnen geben und hatte auch schon die ersten Einladungen verteilt. Alle haben freudig zugesagt.*
Und dann ist keiner gekommen?
Sylvia: *Nein, die Party hat gar nicht erst stattgefunden. Zum Glück habe ich noch rechtzeitig erfahren, dass mir meine Freundinnen zugesagt haben, obwohl da bereits für sie feststand, dass sie an dem besagten Abend auf eine andere Party gehen würden.*

Als Sylvia ihre Freundinnen zur Rede stellt, stößt sie auf demonstratives Schweigen. Wochenlang wird sie ignoriert, dann kommt es immer häufiger zu Beschimpfungen, später werden Lügengeschichten über Sylvia verbreitet.

Hat dir denn gar keiner zur Seite gestanden?
Sylvia: *Meine Eltern und meine Schwester.*
Und die Lehrer an deinem Gymnasium?
Sylvia: *Mein Klassenlehrer hat mal im Unterricht nach den Ursachen für den Konflikt gefragt. Aber keiner hat eine wirkliche Antwort gegeben, vielmehr endete das Ganze damit, dass ich wieder übel beleidigt wurde.*
Wie hat dein Lehrer reagiert?
Sylvia: *Gar nicht, er war leider unfähig, einzuschreiten.*

In der Folgezeit zieht sich Sylvia immer mehr zurück, grübelt und verlässt das Haus nur noch, wenn es unbedingt sein muss. In der Schule wird die Situation immer schlimmer für sie und eskaliert schließlich, als sie bei einem Basketballspiel im Sportunterricht so heftig von einer Gegnerin attackiert wird, dass sie die nächsten drei Tage mit einem schweren Schleudertrauma im Krankenhaus verbringen muss. Während dieser Zeit wird ihr klar, dass ein Schulwechsel der einzige Ausweg für sie ist.

Wie ist es dir an der neuen Schule ergangen?
Sylvia: *Ich fühle mich da super wohl, und das war von Anfang an so. Zum Glück habe ich damals diese Entscheidung getroffen. Ich habe schnell Freunde gefunden, und mein Leben hat sich wieder zum Guten gewendet.* [...]

(Quelle: Interview vom 8. Oktober 2010 auf www.einstieg.com/berufswahl/news/es-kann-jeden-treffen.html)

AUFGABEN

1. **Lest das Interview mit Sylvia Hamacher mit verteilten Rollen.**
2. **Beschreibt, wie sie gemobbt wurde und was das Mobbing bei ihr bewirkt hat. Zu welchen Konsequenzen hat das Mobbing bei Sylvia geführt?**
3. **Diskutiert, wie der Lehrer in Sylvias Fall anders hätte handeln können oder sollen. Was hättet ihr euch von ihm gewünscht?**
4. **Sylvia Hamacher hat eine eigene Homepage. Findet heraus, wie es ihr heute geht und was sie macht. Was hat sie unternommen, damit es ihr besser geht?**
   Sylvia Hamachers Homepage findet ihr unter http://sylvia-hamacher.de

ISBN 978-3-8346-2932-6 | www.verlagruhr.de

Wie wird gemobbt?

Es gibt viele verschiedene Formen von Mobbingverhalten. Manche sind für sich genommen eher harmlos (z. B. abwertende Blicke oder jemanden nachäffen); andere sind sehr schwerwiegend (z. B. Erpressung oder Schläge) und ein massiver Angriff auf die persönliche Würde. Allerdings geschehen alle Mobbinghandlungen mit dem Ziel, andere fertigzumachen.

Mobbinghandlungen

Der Mobbingforscher Heinz Leymann unterteilt Mobbinghandlungen in fünf verschiedene Bereiche:

- Angriffe auf die Möglichkeit, sich mitzuteilen (z. B. jemanden ständig unterbrechen)
- Angriffe auf die sozialen Beziehungen (z. B. jemanden nicht beachten)
- Angriffe auf das soziale Ansehen (z. B. über jemanden Gerüchte verbreiten)
- Angriffe auf die Qualität der Berufs- und Lebenssituation (z. B. jemandem seine Arbeitsmaterialien wegnehmen/verstecken)
- Angriffe auf die Gesundheit (z. B. jemanden schlagen)

M	» jemanden meiden » missachten » .... » ....
I	» .... » .... » .... » ....
O	» .... » .... » .... » ....
N	» .... » .... » .... » ....
BB	» .... » .... » .... » ....
G	» .... » .... » .... » ....

AUFGABEN

1. Findet euch zu zweit zusammen und schreibt zu jedem Buchstaben des Wortes „Mobbing" möglichst viele Beispiele für Mobbinghandlungen auf. Tauscht euch anschließend mit einem anderen Paar über eure Ergebnisse aus und ergänzt gegebenenfalls eure Notizen.
2. Diskutiert in der 4er-Gruppe aus Aufgabe 1, welche Formen von Mobbing an eurer Schule am häufigsten vorkommen. Welche haltet ihr für die schlimmsten?
3. Sammelt gemeinsam mit der ganzen Klasse eure Erfahrungen und Vorstellungen zu der folgenden Frage: Mobben Jungen und Mädchen auf unterschiedliche Art und Weise?

4. Ordne die Beispiele aus Aufgabe 1 gemeinsam mit deinem Partner den Bereichen von Leymann zu und ergänzt sie mit weiteren Beispielen.

ISBN 978-3-8346-2932-6 | www.verlagruhr.de

Das war doch nur Spaß!

Oft ist es nicht einfach, zwischen Streit, Konflikt und Mobbing zu unterscheiden.

Wahrnehmungsübung

Fertigt nach der Vorlage oben zwei Schilder an und hängt sie im Klassenraum auf. Euer Lehrer wird jetzt nacheinander die folgenden Beispielsituationen vorlesen.
Nach jeder Situation entscheidet jeder allein für sich, ob er das Verhalten als Mobbing einschätzen würde oder nicht, und geht zu dem entsprechenden Schild. Dann begründen drei bis vier Schüler ihre Entscheidung und erklären, warum sie sich so positioniert haben. Anschließend geht es mit dem nächsten Beispiel genauso weiter.

Beispielsituationen:

- » Jan, Lukas und Marcel lachen über einen Unterrichtsbeitrag von Jana.
- » Niclas wird seit zwei Wochen von seinen Mitschülern ignoriert und gemieden.
- » Sophia ist sehr fleißig und wird von einigen aus ihrer Klasse als Streberin beschimpft.
- » Tobias und Sven prügeln sich in der Pause.
- » David wird nicht zur Geburtstagsfeier eines Klassenkameraden eingeladen.
- » Der Biologielehrer Herr Jürgens nimmt Annika nicht dran, wenn sie sich meldet.
- » Erwin schreit Lars wütend an, weil er beim Lehrer gepetzt hat, dass Erwin seine Hausaufgaben nicht gemacht hat.
- » Dana hängt ein peinliches Bild von Miriam in der Klasse auf, das sie auf einer Party gemacht hat. Sie ist sauer, weil Miriam jetzt mit ihrem Ex-Freund zusammen ist.
- » Elena und Marie können sich nicht ausstehen. Beide reden nicht miteinander.
- » Der stärkere Marc boxt Alexander ständig, wenn andere es nicht sehen können.
- » Die Jungen in der Klasse mögen Max nicht. Sie schreiben ihm Zettelchen mit „Hau doch ab!", „Schwuli!" usw. Max hat mittlerweile jeden Morgen Angst, in die Schule zu gehen.

AUFGABEN

1. **Bildet Kleingruppen von drei bis fünf Schülern und diskutiert folgende Fragen:**
   a) Was unterscheidet Mobbing von alltäglichen Konflikten und Rangeleien?
   b) Wann ist es gerechtfertigt, von Mobbing zu sprechen?
2. **Nennt aus euren eigenen Erfahrungen weitere konkrete Beispielsituationen für „Streit/Konflikt" und „Mobbing".**

3. **Formuliert eine eigene Definition von „Mobbing", die genau erklärt, was man unter dem Begriff versteht.**
   Vergleicht eure Definition anschließend mit der aus dem „Hanisauland-Lexikon".
   Das Hanislau-Lexikon findet ihr unter www.hanisauland.de

4. **„Alles, was Spaß macht, ist erlaubt." – „Spaß ist eine beliebte Ausrede, um ein Fehlverhalten zu verharmlosen."**
   Nimm zu den beiden Aussagen begründet Stellung.

ISBN 978-3-8346-2932-6 | www.verlagruhr.de

Wer sind die Täter?

Kein Täter wird als Täter geboren. Häufig sind es gerade sie selbst, die Probleme haben, von denen sie dann mit Mobbingaktionen ablenken wollen. Dabei gibt es jedoch ganz unterschiedliche Motive für Mobbing:
Gemobbt wird z. B., ...

- » weil die Täter nach Aufmerksamkeit suchen.
- » weil sie nicht gelernt haben, friedlich und fair mit anderen Menschen umzugehen.
- » weil es ihnen an ausreichendem Einfühlungsvermögen fehlt.
- » weil es ihnen gefällt, über andere Kontrolle zu haben und diese Macht auszuüben.

Hier versuchen einige Mobbingtäter, zu erklären, warum sie andere beleidigt, runtergemacht oder bedroht haben und wie sie sich heute – ein paar Jahre später – damit fühlen:

Es gab mir das Gefühl, mächtig und besser zu sein, als ich es eigentlich bin.

Es war so einfach, mitzumachen und zu beleidigen. Es wurde eine Art Sport.

Ich schäme mich für das, was ich getan habe. Mir war nicht klar, dass wir so grausam waren.

Manchmal war ich schlicht neidisch oder eifersüchtig oder hatte Hass auf eine Mitschülerin. Manchmal hab ich einfach nur mitgemacht, weil meine Freunde eine bestimmte Person nicht mochten.

Ich habe einen Mitschüler schlecht behandelt, weil ich mich wegen mir selbst schlecht fühlte. Früher in der Grundschule wurde ich selbst gemobbt.

Hoffentlich erfährt meine Familie nie davon, was ich gemacht habe.

Heute habe ich Angst davor, selbst einmal Mobbingopfer zu werden.

Wenn ich heute daran denke, wie ich mich damals verhalten habe, dann kann ich das nicht mehr verstehen. Ich bereue, was ich getan habe, und würde heute auf jeden Fall anders handeln.

AUFGABEN

1. **Welche Ursachen und Motive nennen die Täter in den Sprechblasen für ihr Verhalten? Welche weiteren Motive könnt ihr euch vorstellen? Sammelt eure Vorschläge an der Tafel.**
2. **Bewertet die Aussagen der Täter. Könnt ihr deren Beweggründe nachvollziehen?**
3. **Versetzt euch in die Lage eines Mobbingopfers und tauscht euch darüber aus, wie ihr reagieren würdet, wenn der/die Täter ein schlechtes Gewissen und Mitleid zeigt/zeigen. Könntet ihr ihm/ihnen verzeihen? Warum (nicht)?**
4. **Stellt euch folgende Situation vor: Ihr wart früher ein Mobbingopfer und trefft einige Jahre später durch Zufall wieder auf die Person, die euch in der Schulzeit permanent beleidigt und schikaniert hat. Wie würdet ihr reagieren? Welche Reaktion würdet ihr euch von dem ehemaligen Mobber wünschen?**

ISBN 978-3-8346-2932-6 | www.verlagruhr.de

Wer sind die Opfer?

Das „typische" Mobbingopfer gibt es nicht. Jeder Mensch kann zum Mobbingopfer werden und in die Situation geraten, von einer einzelnen Person oder von einer Gruppe gemobbt zu werden. Dennoch lässt sich über die meisten Opfer sagen, dass sie in ihrer Klasse unbeliebt sind und aufgrund eines bestimmten Verhaltens abgelehnt werden. Und sie haben Angst, sich zu wehren oder jemandem von den Schikanen zu erzählen, weil sie befürchten, dass dann alles noch schlimmer wird.

Opfertypen

Man kann zwei verschiedene Opfertypen unterscheiden: Die eine Gruppe ist in ihrem Verhalten eher **„passiv"**, d. h., diese Opfer sind körperlich schwächer als der Durchschnitt, verhalten sich still und unauffällig, sind vom Typ her eher ängstlich oder unsicher und haben oft ein schwaches Selbstwertgefühl. Diesen Opfertyp gibt es relativ häufig. Der andere Opfertyp zeigt sich in seinem Verhalten auffälliger als der Druchschnitt und gilt somit als **„provozierend"**: Diese Personen sind häufig aggressiv, unruhig, leicht reizbar oder spielen sich in den Vordergrund. Damit bieten sie potenziellen Tätern eine gute Angriffsfläche.

AUFGABEN

1. **Bildet Kleingruppen von vier bis sechs Schülern.**
   a) Denkt euch drei verschiedene Szenen zum Thema Mobbing aus. Stellt jede Szene in einem Standbild nach und wechselt nach jedem Bild die Rollen: Die Täter werden zu Opfern und umgekehrt.
   b) Wählt eines eurer Standbilder aus und führt es der Klasse vor. Lasst eure Mitschüler das Standbild genau beschreiben, bevor ihr auflöst, was ihr darstellen wolltet.
2. **Diskutiert im Anschluss an die Präsentation der Standbilder im Plenum folgende Fragen:**
   → Haben eure Mitschüler das Bild richtig beschrieben?
   → Was habt ihr in der Rolle als Opfer oder Täter empfunden?
   → Welche äußeren Umstände/Situationen machen es Tätern besonders leicht, zu mobben?
   → Welche Personen sind am Mobbingprozess beteiligt? Gibt es neben dem Täter/den Tätern und dem Opfer auch noch andere Rollen?

3. **Fotografiert eure Standbilder aus Aufgabe 1b mit einer Digitalkamera oder einem Handy und druckt die Fotos aus. Gestaltet daraus ein Plakat zum Thema Mobbing und findet zu jedem Bild eine Überschrift und eine kurze Beschreibung.**

4. **Diskutiert, ob beide Rollen (Opfer und Täter) in einer Person vorkommen können. Können Mobbingopfer zu Tätern oder Täter zu Opfern werden?**

ISBN 978-3-8346-2932-6 | www.verlagruhr.de

Mitläufer und Dulder

Beim Mobbing gibt es nicht nur Täter und Opfer – es sind immer auch noch weitere Personen beteiligt. Auch die Klasse bzw. die soziale Gruppe rund um die „Hauptakteure" spielt bei Mobbing eine große Rolle: Oftmals gibt es Mitschüler, die die Täter unterstützen und sich am Mobben beteiligen. Auch das Opfer kann einzelne Verteidiger oder Freunde haben, die es unterstützen. Ein Großteil der Gruppe um Täter und Opfer sind jedoch die, die zwar nicht direkt mitmobben, aber auch nicht eingreifen, sondern einfach zuschauen – sie dulden das Mobbing also. Manche sind sogar fasziniert von dem Schauspiel, finden das Mobbing lustig und unterhaltsam – vorausgesetzt, es betrifft sie nicht selbst. Manche schätzen die Situation vielleicht auch als „Spaß" falsch ein. Andere fühlen sich abgestoßen oder haben gemischte Gefühle. Sie würden womöglich gern eingreifen, wissen aber nicht, wie sie das machen sollen. Aus Angst, selbst zum Opfer zu werden, schweigen die meisten, schauen weg oder lachen sogar mit, um nicht aufzufallen.

Gib Mobbing keine Chance

Fest steht: **Mobbing funktioniert nur dann, wenn andere wegsehen, anstatt einzugreifen und zu helfen.** Dabei ist es wichtig und notwendig, dass ihr als Mitschüler aktiv werdet, wenn ihr in eurer Klasse oder an eurer Schule beobachtet, dass jemand gemobbt wird. Ihr könnt dabei helfen, das Mobbing zu stoppen. Jeder Einzelne aus der Klasse oder Gruppe kann dazu einen Beitrag leisten.

AUFGABEN

1. **Tut euch zu zweit zusammen und seht euch das Bild genau an:**
   a) Beschreibt die einzelnen Figuren mithilfe des Textes. Wie verhalten sie sich? Welche „Rollen" nehmen sie ein?
   b) Nennt Gründe dafür, warum sich die Figuren so verhalten.
2. **Diskutiert mit der gesamten Klasse, ob und, wenn ja, welche Reaktionen von Außenstehenden dazu führen können, Mobbing sogar zu verstärken.**
3. **Macht ein Gedankenexperiment: Wie würde sich das Mobbinggeschehen ändern, wenn es einzelne „Rollen" (Dulder, Mitläufer) nicht gäbe?**
4. **Bildet Kleingruppen von drei bis fünf Schülern und sammelt Vorschläge, was ihr als Beobachter von Mobbing tun könnt, wenn es zu konkreten Vorfällen kommt. Wie könnt ihr dem Opfer zur Seite stehen?**
5. **Überlegt außerdem innerhalb eurer Gruppe, warum es Mitschülern so schwer fällt, bei Mobbing einzugreifen.**

6. **Recherchiert, wo Zeugen von Mobbingvorfällen Hilfe finden können. An wen könnt ihr euch an eurer Schule wenden? Welche Kontakt- und Beratungsstellen gibt es außerhalb der Schule?**

7. **Erstellt aus euren Ergebnissen von Aufgabe 6 ein Info-Plakat und hängt es in eurer Schule auf.**

ISBN 978-3-8346-2932-6 | www.verlagruhr.de

Wer ist schuld am Mobbing?

Jedes Mobbingopfer stellt sich irgendwann die Frage, worin der Grund für seine Situation liegt. Viele suchen die Schuld bei sich selbst. Dabei versuchen manche, in Internetforen Rat und Hilfe zu finden.

Beitrag aus einem Forum

Startseite **Forum** Hilfe Links

Beitrag von: **Anonym** – 15.07.2015. 21:06 Uhr

Bin ich selbst schuld, dass ich gemobbt werde? Schon seit ich denken kann, werde ich gemobbt! Bereits im Kindergarten hat es angefangen. Mit 9 Jahren bin ich dann mit meinen Eltern nach Deutschland gekommen. Hier ging das Mobben weiter. Als ich in die Grundschule kam, konnte ich kein Deutsch, das hat viele sehr genervt. Vielleicht lag es aber auch daran, dass ich besser zeichnen konnte als die meisten Schüler. Deswegen haben mich viele gehasst und mich ständig beleidigt oder sich über mich lustig gemacht. Auch auf der Realschule ging das Mobbing weiter. Eine meiner neuen Mitschülerinnen hat angefangen, mich zu mobben, weil ich um Ruhe bat, als wir eine Klassenarbeit geschrieben haben und die Klasse so laut war. Seitdem hat sie mich ständig vor anderen lächerlich gemacht. Manchmal auch vor den Lehrern – die haben aber alle nichts unternommen.

Es ging und geht mir richtig schlecht. Ich bin immer diejenige, die allein rumsteht und als letzte für irgendetwas gewählt wird (dabei gehöre ich zu den Klassenbesten, was die Noten angeht). Die meisten meiner Mitschüler sind unfreundllich und gemein zu mir. Ich könnte ständig losheulen. Es kann doch nur an mir liegen, dass ich immer wieder gemobbt werde, oder? Dabei versuche ich immer nett und hilfsbereit zu sein. Ich sehe auch nicht schlecht aus und ziehe mich modisch und sportlich an.
Ich bin inzwischen einfach völlig fertig und hasse mich selbst abgrundtief dafür, dass ich es einfach nicht schaffe, so zu sein, wie die anderen es wollen. Denn anscheinend störe ich die anderen ja mit meinem Verhalten, meinem Aussehen, meiner Sprache, meinem – was weiß ich. Ich kann einfach nicht mehr … ich weiß nicht mehr weiter.

Antworten 

AUFGABEN

1. **Wer hat eurer Meinung nach Schuld am Mobbing? Sind die Opfer selbst daran schuld, wenn sie gemobbt werden? Diskutiert darüber in der Klasse.**
2. **Sammelt gemeinsam Ideen, was man als Opfer selbst gegen das Mobbing tun kann.**
3. **Schreibe eine Antwort auf den Forumsbeitrag.**
4. **Bildet Kleingruppen von drei bis fünf Schülern und tauscht euch über eure Erfahrungen aus:**
   → Wie reagieren die Lehrer an eurer Schule, wenn ihr sie auf Konflikte oder sogar Mobbing ansprecht.
   → Welches Verhalten würdet ihr euch wünschen?
5. **Sammelt Vorschläge, was ihr als Mitschüler tun könnt, um einem Mobbingopfer zu helfen und es zu unterstützen.**

ISBN 978-3-8346-2932-6 | www.verlagruhr.de

Was tun bei Mobbing?

Du selbst hast keine Schuld am Mobbing!

Tipps: Wenn du Mobbing selbst erlebst

1. **Bleibe ruhig und lasse dich nicht einschüchtern.** Lass dich weder provozieren noch ängstigen. Glaube nicht daran, was andere dir einreden wollen.
2. **Sage klar und deutlich, wenn dich etwas stört.** Sprich aus, wenn dich etwas nervt oder verletzt, und fordere die Person auf, dieses Verhalten zu unterlassen.
3. **Sprich mit jemandem.** Rede mit einer Vertrauensperson (z. B. Eltern, Lehrer, Sozialarbeiter, Freunde) über das Mobbing.
4. **Schaue genau hin und führe ein Mobbingtagebuch.** Schreibe auf, was dir passiert und wer die Vorfälle noch beobachtet hat. So gelingt es dir besser, dir selbst klarzumachen, was eigentlich los ist, und du hast eine gute Gedächtnisstütze, die dir auch als Beweismittel dienen kann.
5. **Mache Dinge, die dir Spaß machen.** Mobbing stresst ungemein und führt dazu, dass man kaum noch Energie hat und sich immer mehr zurückzieht. Daher solltest du bewusst Dinge tun und unternehmen, die dir Spass machen. Bleibe dazu auch in Kontakt mit deinen Freunden.
6. **Beobachte dich selbst und analysiere deine Situation.** Wie siehst du dich selbst? Wie sehen dich die anderen? Gibt es bei dir Verhaltensweisen oder (schlechte) Angewohnheiten, die das Mobbing besonders hervorrufen?
7. **Suche dir Unterstützung.** Werde aktiv und suche dir Unterstützung. Das können Verbündete aus deiner Klasse oder auch Freunde aus anderen Klassen sein. Manchmal kann es auch erforderlich werden, dass du dir Unterstützung von außerhalb holst und die Polizei einschaltest.

Tipps: Wenn du Mobbing beobachtest

1. **Mache nicht mit beim Mobben.** Wenn andere lästern und mobben, dann beteilige dich nicht.
2. **Versuche, das Lästern zu verhindern.** Schaue nicht weg, sondern nenne die Dinge beim Namen. Sage klar und deutlich, wenn dich etwas stört, und fordere die Personen auf, das Verhalten dem Opfer gegenüber zu unterlassen.
3. **Werde aktiv und suche dir dafür Unterstützer.** Suche Verbündete gegen das Mobbing und sprich andere Schüler auf das Problem an. Du bist deshalb keine „Petze" – ganz im Gegenteil, du beweist dadurch Mut und Verantwortungsbewusstsein. Denke daran: Wenn niemand etwas sagt, ändert sich auch nichts.
4. **Sprich mit dem Opfer.** Sage dem Opfer, dass du es unterstützen willst, und überlege mit ihm, was ihr tun könnt.
5. **Frage um Rat und/oder informiere andere.** Bitte eine Vertrauensperson um Rat und/oder informiere deine Eltern oder einen Lehrer.

AUFGABEN

1. **Tauscht euch zu zweit über die Handlungstipps in den Kästen aus. Wie gut lassen sich diese umsetzen? Welche Schwierigkeiten könnten dabei auftreten?**
2. **Sammelt gemeinsam Ideen, was sich noch gegen Mobbing tun lässt!**

ISBN 978-3-8346-2932-6 | www.verlagruhr.de

Sokrates' Tipps

Die Legende des Sokrates

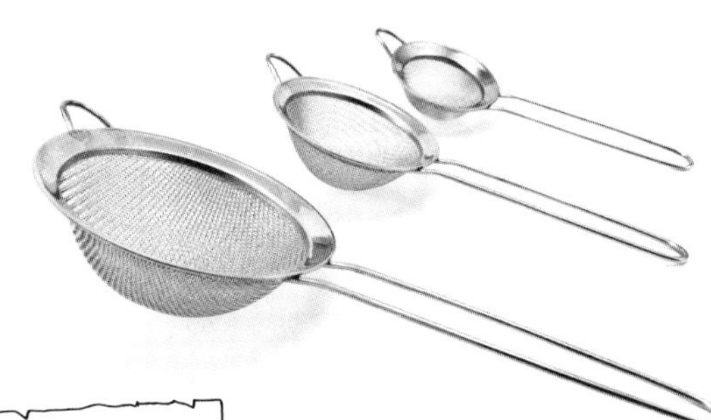

Konflikte und Mobbing gibt es nicht erst seit Kurzem. Auch Sokrates, ein griechischer Philosoph, der von 469 v. Chr. bis 399 v. Chr. lebte, hat sich schon mit diesen Themen beschäftigt. Als weiser Mann gab er damals Ratsuchenden Hilfe. Ihm wird die folgende Geschichte zugeschrieben:

Die drei Siebe

Zu Sokrates kam einmal ein Mann und sagte: „Höre, ich muss dir etwas Wichtiges über deinen Freund erzählen!"
„Warte ein wenig", unterbrach ihn der Weise. „Hast du schon das, was du mir erzählen willst, durch die drei Siebe hindurchgehen lassen?"
„Welche drei Siebe?" fragte der Mann erstaunt.
„So höre: Das erste Sieb ist das der Wahrheit. Hast du dich der Wahrheit der Sache vergewissert?"
„Nein, ich habe es nur von anderen gehört", erwiderte der Mann.
„Nun denn, das zweite Sieb ist das der Güte. Ist das, was du mir erzählen willst – wenn es schon nicht als wahr erwiesen –, so doch wenigstens gut?"
Zögernd sagte der andere: „Nein, das nicht, im Gegenteil ..."
„Hm", unterbrach ihn der Weise, „so lass uns auch das dritte Sieb noch anwenden, das Sieb der Nützlichkeit. Glaubst du, dass diese Nachricht meinem Freund oder mir von Nutzen sein wird?"
Darauf kam keine Antwort.
Da sagte der Weise: „Wenn also das, was du mir erzählen willst, weder wahr noch gut noch nützlich ist, dann behalte es lieber für dich."
Da drehte sich der Mann wortlos um und ging beschämt davon.

AUFGABEN

1. **Lest den Text und ordnet dann zu zweit die folgenden Adjektive den drei Sieben zu:**
   sinnvoll – bedeutend – schön – aufrichtig – erfreulich – vernünftig – ehrlich – gut gemeint
   Findet weitere Wörter, die zu den Sieben passen!
2. **Versetzt euch in den Mann, der Sokrates etwas Wichtiges erzählen wollte. Welche Gefühle und Gedanken gehen ihm wohl durch den Kopf? Stellt begründete Vermutungen an und vergleicht diese in der Klasse.**
3. **Was denkt ihr über die drei Siebe? Wobei können sie hilfreich sein? Tauscht euch darüber aus, ob und in welchen Situationen ihr die Siebe selbst anwenden würdet.**
4. **Manchmal wollen wir Dinge, die wir irgendwo gehört haben, gleich weitererzählen. Warum ist das so?**
5. **Erzähle die Geschichte so in deinen eigenen Worten nach, dass sie in der heutigen Zeit spielt.**

ISBN 978-3-8346-2932-6 | www.verlagruhr.de

SOS! Wo finde ich bei Mobbing Hilfe?

Im Internet findet man zahlreiche Websites, die Hilfe und Unterstützung bei Mobbing anbieten. Einige **Beratungsplattformen** richten sich speziell an Kinder und Jugendliche. Hier gibt es nicht nur allgemeine Infos und Tipps, sondern auch Antworten auf ganz konkrete Fragen. Eine weitere Möglichkeit für Schüler, sich Rat zu holen, bieten **Foren**, also Seiten, auf denen Kinder und Jugendliche ihre Erfahrungen oder Probleme darstellen und sich mit anderen Forumsmitgliedern darüber austauschen können.

Hilfe im Netz findet ihr z. B. unter:

» https://jugend.bke-beratung.de/views/home/index.html
» www.beratung4kids.de
» www.junoma.de
» www.juuuport.de
» www.save-me-online.de
» www.u25-deutschland.de
» www.youpod.de/life-coaching/e-mail-beratung.html

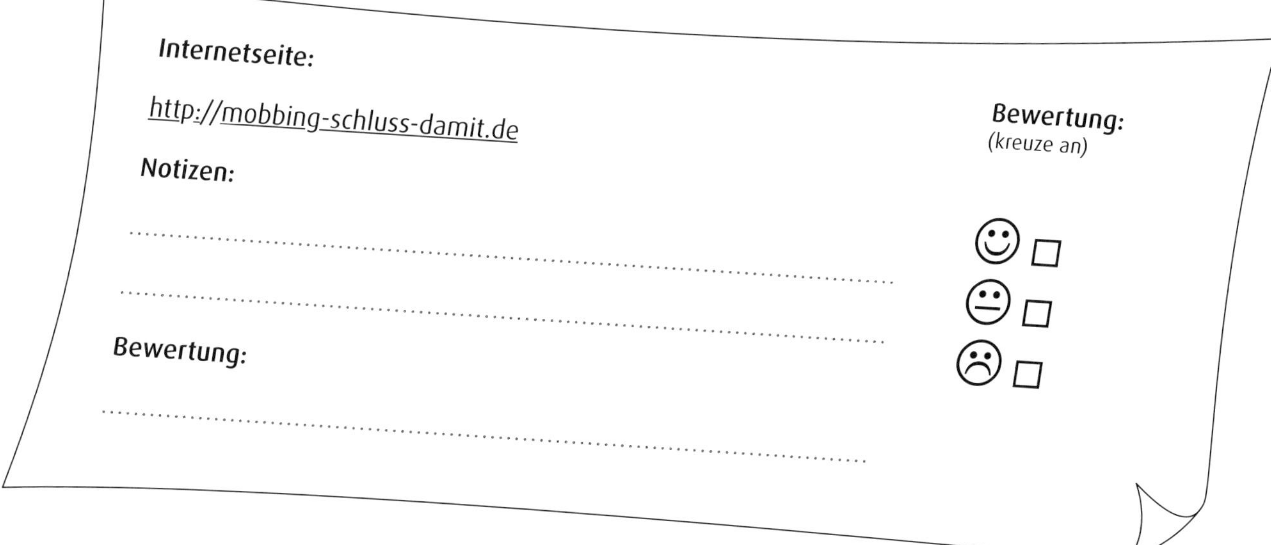

Internetseite:

http://mobbing-schluss-damit.de

Notizen:

....

....

Bewertung:

....

Bewertung:
(kreuze an)

☺ ☐
😐 ☐
☹ ☐

AUFGABEN

1. **Tut euch zu zweit zusammen.**
   a) Seht euch eine der oben stehenden Websites genau an und macht euch Notizen zu folgenden Fragen:
      → An wen richtet sich die Plattform? (Altersgruppe/Zielgruppe)
      → Um welche Themen geht es? Bei welchen Problemen bekommt man Hilfe?
      → Welche Hilfs- und Beratungsformen gibt es? (E-Mail-/Telefonberatung, Infos, Tipps, rechtliche Hinweise)
      → Wann und wie schnell wird geholfen?
   b) Tauscht euch darüber aus, wie ihr die Seite findet, und bewertet sie. Was ist gut/nicht gut gelungen? Was fehlt?
   c) Stellt die Seite euren Mitschülern vor.

2. **In welcher Situation könntest du dir vorstellen, dich mit einem Problem an eine der Plattformen zu wenden? Überlege und beschreibe, wie viel Überwindung dich das kosten würde.**

3. **Diskutiere mit einem Partner: Welche Vor- und Nachteile gibt es beim Benutzen von Foren?**

4. **Versetze dich in die Lage eines Ratsuchenden und schreibe eine fiktive E-Mail an eine der Beratungsstellen.**

ISBN 978-3-8346-2932-6 | www.verlagruhr.de

ISBN 978-3-8346-2932-6 | www.verlagruhr.de

Kapitel 3:

Cybermobbing

Kopiervorlagen

Cybermobbing: Worum geht es?

AUFGABEN

1. Tut euch zu zweit zusammen.
   a) Beschreibt genau, was auf dem Foto zu sehen ist.
   b) Was empfinden die drei Mädchen auf dem Bild? Was denken sie gerade? Füllt die Denkblasen aus.
2. Findet heraus, was das Wort „Cybermobbing" bedeutet, und erklärt es mit euren eigenen Worten.
3. Tauscht euch darüber aus, welche Erfahrungen ihr selbst bisher mit Cybermobbing gemacht habt.
4. Was vermutet ihr, sind Anlässe und Auslöser für Cybermobbing? Sammelt eure Vermutungen an der Tafel.
5. „Cybermobbing ist eine besonders fatale Form des Mobbings." – Nehmt zu dieser Aussage begründet Stellung.

6. Sammelt in Kleingruppen weitere Ideen zu dem oben abgebildeten Foto: Wie könnte die Geschichte zu dem Foto aussehen? Wie ist es zu dieser Situation gekommen? Was ist in der Vorgeschichte passiert? Wie könnte die Szene weitergehen (jetzt/am nächsten Tag/in einer Woche)?

ISBN 978-3-8346-2932-6 | www.verlagruhr.de

Zahlen und Fakten

In der sogenannten JIM-Studie (JIM = Jugend, Information, [Multi-]Media) werden jährlich gut 1 000 Jugendliche telefonisch zu ihren Freizeitaktivitäten, ihrer Nutzung, ihrem Umgang und ihren Erfahrungen mit dem Computer, Internet und Handy befragt. Auch zu Problemen im Internet werden Jugendliche im Alter von 12 bis 19 Jahren interviewt.

Bis zum Jahr 2012 wurde die Frage, ob schon mal jemand im Bekanntenkreis des Befragten fertig gemacht wurde, ausschließlich auf das Internet bezogen. In der JIM-Studie 2012 antworteten auf diese Frage insgesamt 23 % der Befragten mit „Ja". Seit dem Jahr 2013 wird auch Mobbing über das Handy in die Fragestellung mit eingeschlossen.

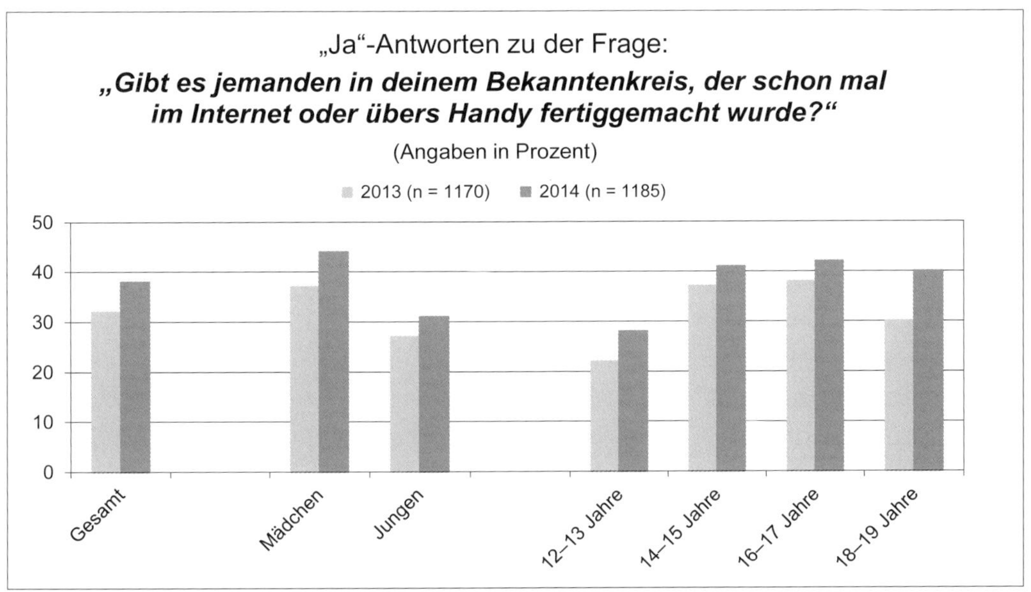

Die aktuelle und komplette JIM-Studie findest du hier: www.mpfs.de.

AUFGABEN

1. Seht euch die Grafik genau an und wertet die JIM-Studie in Partnerarbeit aus. Schreibt fünf Aussagen zu der Grafik auf.
2. Diskutiert die Ergebnisse der Studie mit eurer Klasse und vergleicht sie mit euren eigenen Erfahrungen.
3. Erstellt nach dem Vorbild oben für eure Klasse ein eigenes Säulendiagramm zu der Frage, ob in eurem Bekanntenkreis schon mal jemand im Internet oder übers Handy fertiggemacht wurde.
4. Inwieweit hat sich durch das Einbeziehen des Handys in die Fragestellung das Ergebnis im Vergleich zum Jahr 2012 geändert?

5. Beschreibe, welche Gefühle sich bei dir einstellen, wenn du bedenkst, dass hinter jeder „Ja"-Antwort ein Mensch steckt.
6. Es wird davon ausgegangen, dass es sowohl bei Mobbing als auch bei Cybermobbing eine hohe Dunkelziffer gibt. Woran könnte das liegen? Stellt begründete Vermutungen darüber auf.

7. „Jeder zählt, keiner ist wirklich unbeteiligt". Erkläre, was dies hinsichlich des Themas Cybermobbing bedeutet.

ISBN 978-3-8346-2932-6 | www.verlagruhr.de

Was unterscheidet Mobbing von Cybermobbing?

Als „Cybermobbing“ (auch „Cyberbullying“) bezeichnet man Mobbing, das im Internet oder über das Handy stattfindet. Dabei werden Personen absichtlich und über einen längeren Zeitraum hinweg beschimpft, belästigt oder es werden Lügen über sie verbreitet. Im Internet geschieht dies beispielsweise über E-Mails, Chatrooms und Instant Messenger (wie WhatsApp und Skype), soziale Netzwerke (wie Facebook® und Tumblr) oder durch Videos auf kostenlosen Apps und Portalen (wie YouTube®, Instagram oder YouNow®). Cybermobbing per Handy oder Smartphone geschieht z. B. durch SMS, lästige Anrufe oder Kommentare im Chat. Das Mobben an sich ist nicht neu, aber Cybermobbing unterscheidet sich in einigen Punkten vom direkten Mobbing.

Eine ehemalige Täterin berichtet

„[...] Es war so einfach, einen gemeinen Kommentar zu schreiben. Beleidigungen unter Bilder zu posten. Oder einfach nur die fiesen Sachen von anderen zu ‚liken‘. Heute weiß ich, es lag daran, dass ich den Opfern nicht in die Augen sehen musste. Ich stand niemandem gegenüber, der mir bei einem Spruch sofort einen Konter geben konnte. Ich erhielt Bestätigung von anderen, denn oft wurden meine Kommentare auch ‚geliked‘.

Außerhalb des World Wide Webs passierte nichts, es hatte keine Konsequenzen für mich. Auf dem Schulhof kommt ein Lehrer und geht dazwischen. Wenn ich im Verein jemanden fertigmache, kommt der Trainer und verwarnt mich. Aber wenn ich online jemanden stundenlang beleidige und nerve, kommt niemand. Bei einigen Chats wurde ich vom Administrator rausgeworfen, bei SchülerVZ wurde ich mehr als einmal gelöscht. Aber was macht das schon? Dann habe ich mich eben unter einem anderen Namen neu angemeldet. Meine Familie weiß bis heute nichts von all dem [...]“

(Quelle: Artikel „Mobbing unter Jugendlichen – ‚Sofort war sie ein arrogantes Miststück‘“ vom 23. Dezember 2012 auf www.spiegel.de/schulspiegel/leben/mobbing-im-internet-und-in-der-schule-taeter-und-opfer-erzaehlen-a-873794-4.html)

AUFGABEN

1. Fertigt eine Tabelle an und fasst darin anhand des oben stehenden Textes in Stichpunkten zusammen, was Mobbing (linke Spalte) von Cybermobbing (rechte Spalte) unterscheidet.
2. Warum beschreibt die Täterin das Cybermobbing als „so einfach“?
3. Beim Mobben in der Schule kann man jemandem seine Sachen wegnehmen, etwas kaputt machen oder die Person schlagen – all das geht im Netz nicht. Diskutiert mit der Klasse, ob Mobbing im realen Leben verletzender, direkter und brutaler als Cybermobbing-Attacken im Netz ist.

4. Ein ehemaliges Opfer von Cybermobbing berichtet: „Die Schmähungen waren wie ein Tattoo.“ Erklärt, was es damit ausdrücken möchte.
5. Stelle dir vor, die Familie der Täterin aus dem oben stehenden Bericht erfährt durch die Schule doch vom Cybermobbing. Wie würden die Eltern/Geschwister der Täterin möglicherweise reagieren?
6. Stelle dir vor, die Täterin trifft eines ihrer Opfer einige Jahre später wieder. Wie könnte diese Begegnung ablaufen und was würden sich die beiden vielleicht sagen?

ISBN 978-3-8346-2932-6 | www.verlagruhr.de

Tränen sieht man nicht im Netz

Viele Kinder und Jugendliche, die Cybermobbing erleben, leiden massiv unter den Angriffen und Schikanen. Dennoch schweigen sie aus Angst und Scham und vertrauen sich weder ihren Eltern noch anderen Erwachsenen an. Doch was macht das Mobben im Netz so verletzend? Was ist anders im Vergleich zu „normalem" Mobbing?

Keine Auszeiten

Für die Opfer ist besonders schlimm, dass Cybermobbing nicht mit dem Schulschluss endet, da es sie überall dahin verfolgen kann, wo es Handyempfang oder Internet gibt. Somit sind die Opfer den Mobbingattacken im Netz auch in ihren eigenen vier Wänden ausgesetzt, und das 24 Stunden am Tag – auch nachts.

Riesige Reichweite

Beim Cybermobbing lassen sich Beleidigungen, Lügen oder peinliche Fotos sehr einfach und schnell verbreiten. Zudem können sie an eine viel größere Anzahl von Personen versendet werden. Wenn so etwas erst einmal im Netz steht, lässt es sich oft nicht mehr entfernen und kann sogar noch nach Jahren abgerufen werden.

Geringere Hemmschwelle

Den Tätern, die man auch „Bullies" nennt, fällt es im Netz oftmals leichter zu mobben, als in der realen Welt, da sie ihrem Opfer dabei nicht in die Augen schauen müssen. So bekommen sie auch nicht mit, wie die Person reagiert und unter den Angriffen leidet.

Unklare Identität der Täter

Meist handeln die Täter anonym und geben sich nicht zu erkennen. So weiß das Opfer nicht, von wem die Angriffe stammen. Das verunsichert es und macht ihm Angst. Oder die Täter geben sich als jemand anderes aus. Name, Alter, Aussehen und alle anderen Angaben zur Person können in Wirklichkeit ganz anders sein als im Internet beschrieben.

(vgl. www.klicksafe.de/themen/kommunizieren/cyber-mobbing/cyber-mobbing-was-ist-das/, Stand: Juni 2015)

Manchmal kann es vorkommen, dass Cybermobbing unbeabsichtigt ist. Was man selbst vielleicht nur als Scherz oder unüberlegten Witz gemeint hat, kann andere evtl. verletzen. Daher solltest du alles, was du ins Netz stellst, vorher kritisch hinterfragen und gut überdenken.

AUFGABE

Zeichne zu jedem Abschnitt ein passendes Bild oder ein Symbol in das danebenstehende Kästchen.

ISBN 978-3-8346-2932-6 | www.verlagruhr.de

Facebook®, WhatsApp und Co.

Für immer mehr Kinder, Jugendliche und Erwachsene ist das Handy ein täglicher Begleiter und aus dem Alltag nicht mehr wegzudenken. Sie nutzen soziale Netzwerke (z. B. Facebook®, Tumblr usw.) und Instant Messenger (z. B. WhatsApp, Skype sowie Bild- und Videoportale), um Neuigkeiten auszutauschen, sich zu verabreden und vieles mehr.
Dabei machen sie nicht nur positive Erfahrungen, sondern erleben teilweise auch verletzende Angriffe in der virtuellen Welt. Sogar Stars wie Neymar, Heidi Klum, Boris Becker oder Sarah Connor sind von Cybermobbing betroffen und ernten für ihre Auftritte, veröffentlichte Fotos oder Kommentare von manchen Leuten heftige Kritik. Tausende Menschen machen ihrem Ärger Luft, indem sie dann Nachrichten übers Internet verbreiten, in denen sie die Promis beleidigen und beschimpfen.

nicht schlimm

schlimm

Wahrnehmungsübung

Welche Situationen verletzen euch und wie empfindsam seid ihr? Findet dies mit der „Line-up"-Methode heraus (siehe Metodenkasten)! Euer Lehrer wird dazu gleich nacheinander die folgenden Beispielsituationen vorlesen.

Beispielsituationen: Einer deiner Mitschüler hat ...

1. ein paar richtig lustige Schnappschüsse von dir auf eurer letzten Klassenfahrt gemacht und sie über WhatsApp an alle aus eurem Klassenchat geschickt.
2. bei Facebook® die Gruppe „1000 Schüler, die Mike scheiße finden" eingerichtet. Dein Mitschüler Mike hat keine Schreibrechte und kann selbst nicht kommentieren.
3. sich gestern Vormittag mit dir gestritten und am Abend einen geschmacklosen Kommentar gepostet.
4. sich über einen Lehrer geärgert, der sehr streng ist. Er hat seine Handynummer an alle aus deiner Klasse geschickt und bittet euch um Unterstützung, den Lehrer mit Telefonstreichen oder SMS eins auszuwischen.

METHODE

„Line-up"

Material: Seil oder Klebeband

So funktioniert's – Schritt für Schritt:

» Legt ein Seil aus oder klebt auf den Boden mit Klebeband einen langen Strich. Das eine Ende steht für „schlimm", das andere für „nicht schlimm".
» Euer Lehrer liest nun eine Beispielsituation vor. Jeder entscheidet für sich, inwieweit die vorgelesene Situation für ihn „schlimm" oder „nicht schlimm" ist, und positioniert sich an der Linie. Je nachdem, wie stark euer Empfinden ist, stellt ihr euch ganz ans Ende der Linie oder nur in Richtung von dem Ende, für das ihr euch entscheidet.
» Sobald alle ihren Standort gefunden haben, begründen einige von euch ihre Standortwahl. Achtet dabei darauf, dass die Begründungen nicht kommentiert oder diskutiert werden.
» Fahrt nach demselben Muster mit den anderen Beispielsituationen fort.

AUFGABEN

1. **Beschreibe, wie gut du mit Kritik umgehen kannst: Wie nah lässt du Kritik an dich heran? Wie sehr beschäftigst du dich damit? Wie reagierst du, wenn dich jemand mit einem blöden Spruch anpostet? Überlege außerdem gemeinsam mit einem Partner, was du gegen Beleidigungen tun kannst.**

2. **In sozialen Netzwerken, wie Facebook®, Instagram, Google+, WhatsApp oder Tumblr empfiehlt es sich, genau nachzulesen, welche Sicherheitsregeln es gibt. Recherchiere und kontrolliere deine Privatssphäreeinstellungen.**

ISBN 978-3-8346-2932-6 | www.verlagruhr.de

„Selfies" – moderne Selbstportraits

Das Wort „Selfie" wurde vom Oxford Dictionary zum Wort des Jahres 2013 gewählt. Gemeint sind damit Selbstportraits, die meist mit dem in der eigenen Hand gehaltenen Smartphone aufgenommen werden.

Generation Selfie

Täglich werden Millionen Selbstporträts und Live-Streams bei Anbietern wie Facebook®, YouNow® oder Instagram, gepostet. Für viele Kinder und Jugendliche ist die Kamera eine der wichtigsten Funktionen ihres Handys und sie selbst sind ein beliebtes Motiv.
Sie fotografieren und filmen sich in der Schule, zu Hause, im Urlaub, allein oder zusammen mit Freunden und dokumentieren so ihren Alltag. Mit zahlreichen Effekten lassen sich die Fotos und Videos kreativ bearbeiten und per Synchronisation können sie direkt vom Smartphone aus gepostet und von Freunden „geliked" oder kommentiert werden.

Tipp: Erst überlegen, dann posten

Das Internet hat ein langes Gedächtnis, daher solltest du dir vor der Veröffentlichung privater Daten (Fotos, Videos, Informationen, Kommentare etc.) im Netz ein paar Gedanken machen:

- » Was würden deine Eltern, Lehrer oder Fremde darüber denken? Würdest du auch ihnen diese Fotos zeigen bzw. diese Infos erzählen?
- » Könnten dir die Fotos/Inhalte in fünf Jahren (oder später) peinlich oder unangenehm sein?
- » Könnten diese Fotos/Infos gegen dich oder zu deinem Nachteil verwendet werden?
- » Könnte die Veröffentlichung einer anderen Person Nachteile bringen/Schaden zufügen?

Verzichte in jedem Fall auf allzu private Bilder und Infos. Dies sind sehr persönliche Daten und sie haben im Netz nichts zu suchen.

AUFGABEN

1. **Tue dich mit einem Partner zusammen.**
   a) Tauscht euch über euren Gebrauch von Selfies aus.
   b) Nennt Gründe dafür, warum Selfies bei Kindern und Jugendlichen so beliebt sind.
2. **Stellt Vermutungen darüber an, warum auch viele Stars und Politiker regelmäßig Selfies posten.**
3. **Das Netz ist voll mit Selfies. Diskutiert oder findet im Internet heraus, ob es einen Unterschied macht, ob die Selfies von Jungs oder von Mädchen stammen – wie stellen sich Mädchen bei Selfies gern dar, wie die Jungs?**
4. **Betrachte deine Selbstdarstellung im Netz kritisch. Siehe dir deine (Profil-)Fotos im Netz (bei Facebook®, WhatsApp etc.) genau an und prüfe anhand der Fragen im Tippkasten, ob die Veröffentlichung unproblematisch ist.**
5. *Sieh dir auf www.youtube.com ein Erklärvideo zum Stichwort „Selfies" an. Gib dazu bei YouTube® ins Suchfeld die Wörter „Handysektor + Selfie" ein. Finde heraus, was ein „Belfie", ein „Suglie" und ein „Drelfie" ist.*
6. **Nimm Stellung zu folgender Aussage: „Selfies sind Ausdruck einer besonderen Selbstverliebtheit."**

ISBN 978-3-8346-2932-6 | www.verlagruhr.de

„Sexting"

Der Begriff „Sexting" kommt aus den USA und setzt sich aus „Sex" und „texting" (engl. = SMS schreiben) zusammen. Dabei machen Jugendliche anzügliche oder nackte Fotos von sich und anderen und stellen sie ins Internet oder verschicken sie mit dem Handy über Messenger, MMS oder Nachrichten in sozialen Netzwerken. Dies kann, wie die folgenden Beispiele zeigen, leicht zu Cybermobbing führen und unangenehme Folgen für alle Beteiligten haben.

Fallbeispiel 1:
Lena (15 Jahre) führt seit einiger Zeit eine intime Beziehung zu Elias (17 Jahre). Um ihm zu zeigen, wie sehr sie ihn mag, macht sie an einem Wochenende erotische Fotos von sich und schickt sie ihm übers Handy. Ein halbes Jahr später trennt sich Lena von Elias. Elias ist so traurig, wütend und enttäuscht, dass er Lenas Fotos auf Facebook® an alle seine Bekannten verbreitet. Als Lena am nächsten Tag in die Schule kommt, wird sie komisch beäugt, ihre Freundinnen gehen auf Abstand zu ihr und sie hört einige Male „Du Schlampe!" und „Hure!" im Vorbeigehen. Lena versteht die Welt nicht mehr – sie selbst hat die Bilder im Netz noch nicht gesehen.

Fallbeispiel 2:
David R. (29 Jahre) gibt sich im Netz als 16-jähriger Schüler aus und lernt im Chat zwei 13-jährige Mädchen kennen. Er schickt ihnen ein Nacktfoto von sich und bittet sie, ihm ebenfalls Fotos von sich zu schicken. Die beiden minderjährigen Mädchen schicken ihm schließlich über 20 pornografische Fotos und Videos von sich. Dann erpresst David sie damit. Er macht ihnen das Angebot, das Material zu löschen, wenn sie mit ihm schlafen.

AUFGABEN

1. **Beschreibt für beide Fallbeispiele, ob die Fotos jeweils mit oder ohne Einverständnis der abgebildeten Personen entstanden sind.**
2. **Benennt die Gründe für Sexting in den Fallbeispielen. Welche weiteren Motive gibt es für Jugendliche, erotische Bilder von sich zu machen?**
3. **Überlegt gemeinsam, welche Gefahren von Sexting ausgehen.**
4. **Stelle dir folgende Situation vor und überlege, was du antworten würdest:**
   a) Deine Freunde möchten, dass du als Mutprobe ein erotisches Bild von dir an jemanden aus deiner Clique verschickst.
   b) Dein Freund/deine Freundin bittet dich, als Liebesbeweis für ihn/sie zu posieren und ihm/ihr die Bilder zu schicken.
5. *Sieh dir auf www.youtube.com ein Erklärvideo zum Stichwort „Sexting" an. Gib dazu bei YouTube® ins Suchfeld die Wörter „Handysektor + Sexting" ein. Finde heraus, wie das intime Foto an die Mitschüler weitergeleitet wurde.*
6. **Schreibe deine Vermutungen auf, warum es so vielen jungen Leuten gefällt, sich zu inszenieren und erotisch zu posieren.**
7. **Nimm Stellung zu folgender Aussage: „Sexting ist bei Jugendlichen heutzutage ein Teil der Sexualität."**

ISBN 978-3-8346-2932-6 | www.verlagruhr.de

Plötzlich berühmt

AUFGABEN

1. Schaut euch das Plakat an und beschreibt es so genau wie möglich. Stellt anschließend Vermutungen an, wo und wie die Fotos entstanden sein könnten.
2. Das Plakat gehört zu einer Schweizer Kampagne. Überlege zusammen mit einem Partner, worauf sie damit aufmerksam machen möchte.
3. Bewerte die Aufklärungskampagne: Was ist deiner Meinung nach gut/nicht gut gelungen?
   Schaue dir auch die Videos zur Kampagne im Internet an:
   www.projuventute.ch/Bilder-und-Video-der-Kampagne.2482.0.html
4. Hast du selbst schon mal die Erfahrung gemacht, dass jemand ein Bild von dir ...
   a) weitergeleitet hat, ohne dass du das wolltest?
   b) verändert hat, z. B. mit einem Bildbearbeitungsprogramm?
   Ihr könnt zu diesen Fragen auch eine (anonyme) Klassenumfrage machen und auswerten!
5. Manche Jugendliche, die erotische Fotos oder Texte bekommen, wollen das gar nicht und empfinden dies sogar als sexuellen Übergriff. Schreibe deine persönliche Meinung dazu auf.
6. Mädchen werden für das Verschicken von Sexting-Bildern moralisch besonders verurteilt und schnell als „Schlampe“ etc. bezeichnet. Nimm Stellung dazu: Sind solche Kommentare gerechtfertigt?

ISBN 978-3-8346-2932-6 | www.verlagruhr.de

„Happy Slapping"

Schüler misshandeln Sechstklässler

An einem Gymnasium in Schwerin sollen drei Elftklässler jüngere Schüler getreten und misshandelt haben. Anschließend stellten sie ihre [selbst gefilmten] Taten ins Internet.

[...] Die Polizei ermittelt gegen die drei Schüler wegen des Verdachts der Körperverletzung und der Nötigung, wie ein Polizeisprecher am Donnerstag in Schwerin sagte. Das Video wurde inzwischen aus dem Internet entfernt.

Die 16, 17 und 18 Jahre alten Schüler der gymnasialen Oberstufe einer Gesamtschule zerrten laut Polizei die Sechstklässler am Mittwoch in der Mittagspause nacheinander in einen Klassenraum. Dort traktierten sie ihre Opfer mit Schlägen und Tritten und nötigten sie, sich auszuziehen und Liegestütze zu machen. Zum Teil zerrten sie die Köpfe der kleineren Jungen unter den Wasserhahn eines Waschbeckens und machten ihnen die Haare nass.

Die Handy-Videos ihrer Taten luden sie auf der Internetplattform YouTube hoch. Nach Angaben der Polizei vertrauten sich die Sechstklässler einer Lehrerin an. Die Schulleitung erstattete sofort Anzeige.

Die drei Schüler wurden für zwei Tage vom Unterricht suspendiert und dürfen in der nächsten Woche nicht an einer Klassenreise teilnehmen, sagte ein Sprecher des Schweriner Bildungsministeriums. Es werde zudem Gespräche mit den Eltern und der Schulleitung über die weitere Schullaufbahn der Jugendlichen geben. Die tatverdächtigen Schüler sollen bereits polizeibekannt sein.

(Quelle: Artikel vom 20. September 2012 auf www.stern.de/panorama/schwerin-schueler-misshandeln-sechstklaessler-1897932.html)

„Happy Slapping" = das Einprügeln auf Menschen, das mit einer Handykamera gefilmt und im Internet veröffentlicht wird.

AUFGABEN

1. **Lest den Text und überlegt anschließend gemeinsam, welche Motivation die Täter für ihr Verhalten gehabt haben könnten: Warum filmten sie die Gewalttaten? Warum veröffentlichten sie das Video im Netz?**
2. **Versetzt euch in die Sechstklässler hinein. Beschreibt, welche Gefühle sie wohl während des Übergriffs hatten. Welche Gefühle haben sie vermutlich zwei Wochen/ ein Jahr nach dem Übergriff?**
3. **Diskutiert über die im Artikel genannten schulischen Konsequenzen für die Täter. Gehen sie euch weit genug oder vielleicht zu weit?**
4. **Diskutiert darüber, was ihr tun könnt und/oder solltet, wenn ihr ...**
   → selbst betroffen seid.
   → jemanden seht oder kennt, der Gewalt filmt oder Gewaltfilme verbreitet.

5. **Findet heraus, gegen welche Gesetze die Elftklässler nach dem Strafgesetzbuch (StGB) verstoßen haben.**
   Geht auf www.buendnis-gegen-cybermobbing.de und klickt auf „Rechtsberatung", dann auf „Was ist eigentlich strafbar, wenn es um Cybermobbing geht?"

6. **Nehmt Stellung zu der Aussage: „Die Medien sind Appetitmacher für Happy Slapping".**
7. **Verfasst in Partnerarbeit eine eigene Handyordnung für eure Klasse. Was ist erlaubt, was ist verboten und was passiert, wenn jemand gegen die Regeln verstößt? Diskutiert die Ergebnisse mit der Klasse. Könnt ihr euch auf eine Vereinbarung einigen?**

ISBN 978-3-8346-2932-6 | www.verlagruhr.de

Bild- und Persönlichkeitsrechte

In Deutschland regeln zwei wichtige Gesetze genau, was öffentlich gezeigt werden darf und was nicht. Diese Gesetze gibt es, um die Privatsphäre jedes Einzelnen zu schützen. Wer andere ohne Erlaubnis in deren privaten Räumen fotografiert und diese Bilder veröffentlicht oder wer persönliche Daten anderer unberechtigt weitergibt bzw. die Weitergabe ermöglicht, verstößt gegen diese Gesetze. Dies kann mit Geld- und sogar Freiheitsstrafe bis zu einem Jahr bestraft werden.

1. Das **„Recht am eigenen Bild"** ► § 22, 23 KUG (= „Gesetz betreffend das Urheberrecht an Werken der bildenden Künste und der Fotografie", auch „KunstUrhG"): Das Gesetz regelt, dass Fotos nur mit Einwilligung der abgebildeten Person(en) verbreitet und öffentlich gemacht werden dürfen, bspw. durch die Veröffentlichung in einem sozialen Netzwerk.
2. Die **„Verletzung des höchstpersönlichen Lebensbereichs"** ► § 201a StGB (= „Strafgesetzbuch"): Dieses Gesetz regelt, dass man andere Personen nur mit deren Erlaubnis in ihren privaten Räumen fotografieren und diese Bilder veröffentlichen darf.

Was darf ich filmen/fotografieren und im Netz veröffentlichen? Was nicht?

Das Strafgesetzbuch (StGB) **erlaubt** Filme und Fotos von:

- öffentlichen Orten, wie Gebäuden, Straßen, Plätzen (bspw. Klassenzimmer) und Landschaften
- Freunden, Bekannten und anderen Personen, wenn sie sich damit einverstanden erklärt haben
- fremden Personen, wenn sie nicht im Mittelpunkt des Fotos stehen und nicht erkennbar sind

Das Strafgesetzbuch **verbietet** Filme und Fotos von:

- privaten Orten, z. B. von Personen in ihrer eigenen Wohnung, auf der Toilette, in Umkleideräumen oder in Behandlungszimmern beim Arzt
- peinlichen Situationen, wie z. B. Nacktaufnahmen. Auch Fotomontagen, in denen ein harmloses Bild peinlich oder schlimmer wird, sind nicht erlaubt.
- fremde Personen, die erkennbar sind. Dazu muss nicht unbedingt das vollständige Gesicht zu sehen sein, sondern es reicht, dass man auf einem Ausschnitt die Person bspw. durch ein Tattoo eindeutig identifizieren kann.

Seit Januar 2015 sind Bilder, die die „Hilflosigkeit einer anderen Person zur Schau stellen", verboten (§ 201a StGB). Somit können Fotos, die das Ziel haben, jemanden zu blamieren (bspw. Bilder von Betrunkenen oder von sehr unvorteilhaften Gesichtsausdrücken) strafbar sein. Und Achtung: Nicht nur die Verbreitung solcher Fotos im Netz, sondern bereits das Fotografieren ist jetzt verboten!

AUFGABEN

1. **Lest euch gemeinsam die auf diesem Blatt zusammengestellten Informationen zu den Bild- und Persönlichkeitsrechten durch und besprecht den Inhalt.**
2. **Auf einer Facebook®-Seite von einem deiner Mitschüler findest du ein Foto von dir, das mit einem Bildbearbeitungsprogramm verunstaltet wurde. Wie reagierst du? Was kannst du tun? Überlege zunächst allein und tausche dich dann mit einem Partner über die Handlungsmöglichkeiten aus.**

3. **Nehmt Stellung zu der Behauptung: „Jugendliche leiten Fotos oftmals unüberlegt weiter. Sie sind sich über die Tragweite ihres Handelns nicht klar."**

ISBN 978-3-8346-2932-6 | www.verlagruhr.de

Pass auf deine Daten auf! – Internet-Tipps

Verrate nicht zu viel über dich! Veröffentliche keine Fotos, Videos, Informationen oder Texte, die dich angreifbar machen, dir peinlich sein oder (später einmal) zu deinem Nachteil verwendet werden könnten. Stehen die Daten erst einmal im Netz, sind sie oft nicht mehr zu entfernen.

Schütze deine Daten! Halte persönliche Angaben, wie Wohnadresse, Telefonnummer, Passwörter und Privates, geheim. Sie gehen Fremde nichts an. Verwende möglichst einen anonymen Nickname anstelle deines richtigen Namens.

Sei misstrauisch! Glaube nicht alles, was du im Netz liest und findest, sondern überprüfe die Informationen. Oft ist nicht klar, woher die Infos stammen, und du kannst nie sicher sein, ob jemand wirklich der ist, der er oder sie vorgibt, zu sein.

Verwende sichere Passwörter! Gib sie an niemanden weiter und ändere sie regelmäßig. Sichere Passwörter bestehen aus einer Kombination aus mindestens acht Buchstaben, Zahlen und Sonderzeichen. Lasse dir bei der Eingabe nicht von anderen über die Schulter schauen!

Schütze dein Community-Profil! Nutze die Privatsphäre-Einstellungen in sozialen Netzwerken und stelle die Sicherheitseinstellungen auf eine hohe Stufe. Erlaube nur engen Freunden den Zugriff auf dein Profil und die von dir eingestellten Inhalte.

Vorsicht bei der Nutzung öffentlicher Computer! Denke daran, dich nach dem Einloggen auf einer bestimmten Website (z. B. E-Mail-Anbieter, soziales Netzwerk) auch wieder abzumelden („Logout").

Schütze deinen Computer! Verwende ein Anti-Viren-Programm und aktualisiere es in regelmäßigen Abständen. Aktualisiere auch immer wieder deine Software, am besten per automatischem Update, installiere eine Firewall und verschlüssle deine WLAN-Verbindung.

Kenne deine Rechte! Wenn du es nicht ausdrücklich erlaubst, darf niemand Fotos von dir ins Internet stellen.

(vgl. www.saferinternet.at/datenschutz/tipps/, Stand: Juli 2015)

Mein Name im Netz

AUFGABE

Gib deinen eigenen Namen (in Anführungszeichen: „Vorname Nachname") als Suchwort bei einer Suchmaschine ein. So kannst du überprüfen, was über dich im Internet steht, und in Erfahrung bringen, ob dein Name oder Fotos von dir im Netz auftauchen.

Tipp: *Wiederhole die Überprüfung von Zeit zu Zeit!*

ISBN 978-3-8346-2932-6 | www.verlagruhr.de

Was tun bei Cybermobbing?

Eine Schülerin schreibt in einem Forum:

Startseite **Forum** Hilfe Links

Beitrag von: **Lili 2001** – 12.07.2015. 16:34 Uhr

„Ich bin verzweifelt, was soll ich tun?? Meine Lehrer bekommen das Mobbing ja nicht mit. Als ich es der Vertrauenslehrerin an meiner Schule erzählt hab, war sie geschockt und hat mich zum Schulpsychologen geschickt. Aber der hat mir nicht wirklich geholfen. Er hat mir die üblichen Tipps gegeben, dass ich einfach eine dickere Haut entwickeln sollte und so'n Zeug. Und jetzt? Mein Ruf ist mittlerweile total zerstört und ich überlege, an eine andere Schule zu wechseln, aber ich hab Angst davor, dass man mich wieder nicht mögen könnte und alles weitergeht."

Antworten 

METHODE

„Think-Pair-Square-Share"

Vorbereitung: Bestimmt einen Wächter, der auf die Einhaltung der Zeitvorgaben achtet.

So funktioniert's – Schritt für Schritt:

» *1. Schritt: „Think!" (= denken)*
Jeder für sich überlegt in 5 Minuten, was man gegen „Cybermobbing" tun kann, und schreibt seine Ideen auf ein leeres Blatt.

» *2. Schritt: „Pair!" (= austauschen)*
Bildet 2er-Gruppen. Innerhalb von 5 Minuten tauscht ihr euch mit eurem Partner über eure Ideen aus und einigt euch auf ein gemeinsames Ergebnis.

» *3. Schritt: „Square!" (= verbinden)*
Schließt euch jetzt zu zwei Paaren zusammen. Sprecht in 10 Minuten über eure Einfälle und einigt euch auf nicht mehr als sechs Ideen für euer Gruppenergebnis.

» *4. Schritt: „Share!" (= teilen)*
Stellt euer Ergebnis der Klasse vor.

AUFGABEN

1. **Lest den Forumsbeitrag. Was könnt ihr gegen Cybermobbing tun? Sammelt Ideen und geht dabei nach der im Methodenkasten beschriebenen „Think-Pair-Square-Share"-Methode vor.**
2. **Entwerft in Kleingruppen von vier bis sechs Personen aus den Ergebnissen aus Aufgabe 1 ein Plakat mit Tipps zum Verhalten bei Cybermobbing. Hängt eure Plakate in der Schule auf.**

ISBN 978-3-8346-2932-6 | www.verlagruhr.de

Was hilft wirklich?

Paula wird seit Wochen von Philipp gemobbt. Jeden Tag lässt er sich etwas anderes einfallen und bringt sie mit seinen Schikanen oftmals zum Heulen. Jetzt hat er sogar eine Hass-Seite ins Netz gestellt, auf der er sich über Paula lustig macht und sie als „Hure" beschimpft. Alle aus der Klasse wissen Bescheid, doch keiner möchte sich mit Philipp anlegen. Die Lehrer haben bislang nichts bemerkt, da Philipp clever ist und vorsichtig vorgeht. Du bist ein Freund/eine Freundin von Paula und möchtest ihr gern helfen. Wozu rätst du ihr?

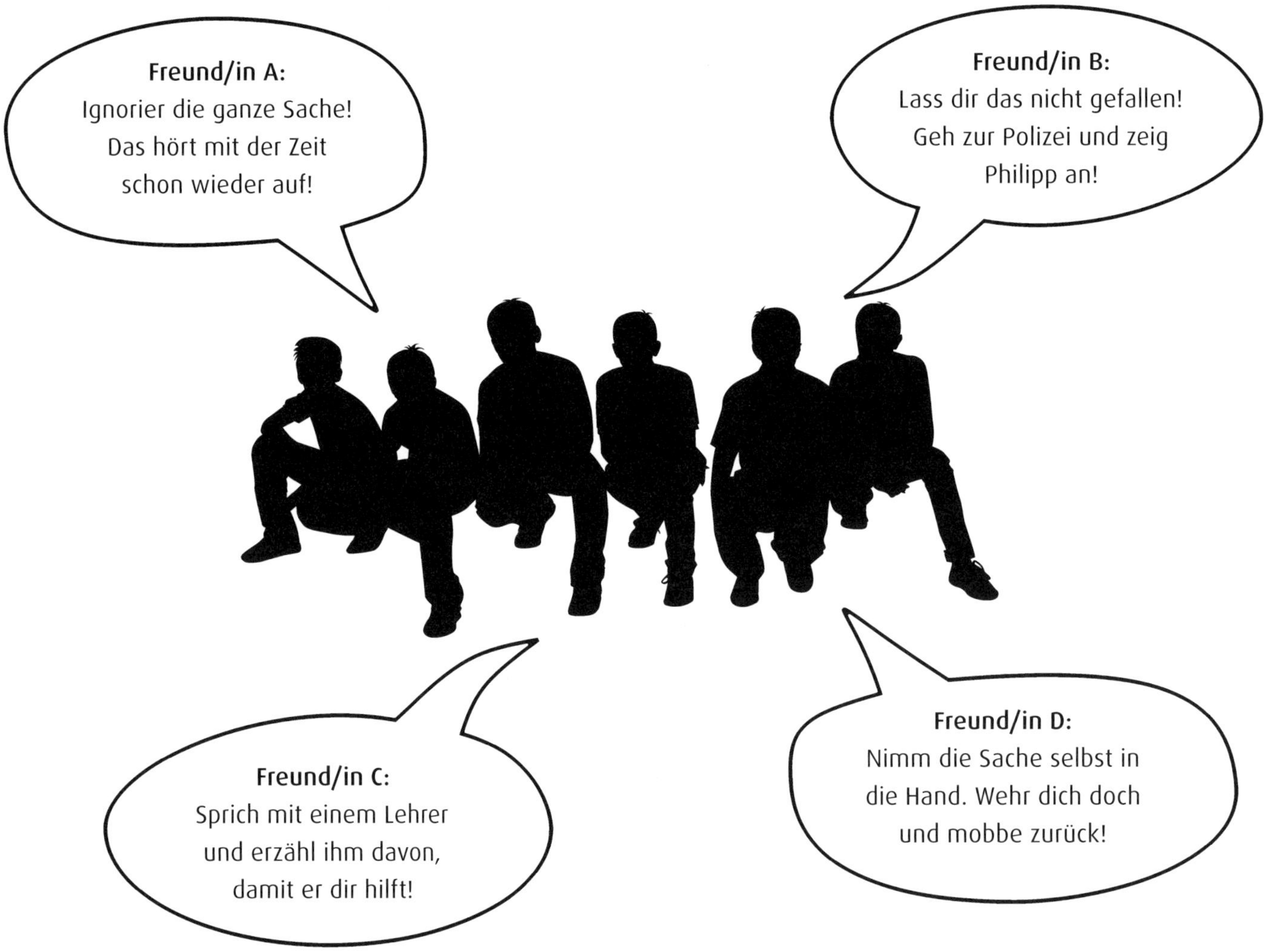

Freund/in A:
Ignorier die ganze Sache! Das hört mit der Zeit schon wieder auf!

Freund/in B:
Lass dir das nicht gefallen! Geh zur Polizei und zeig Philipp an!

Freund/in C:
Sprich mit einem Lehrer und erzähl ihm davon, damit er dir hilft!

Freund/in D:
Nimm die Sache selbst in die Hand. Wehr dich doch und mobbe zurück!

AUFGABEN

1. **Bildet Kleingruppen und verteilt möglichst alle Rollen (Paula, Freund/in A, B, C und D). Spielt das Gespräch der Clique, in der Paulas Freunde ihr die verschiedenen Ratschläge geben, im Rollenspiel nach. Diskutiert dann innerhalb eurer Gruppe die verschiedenen Ratschläge, die die Freunde Paula geben. Wie würden sie sich jeweils auf die Situation auswirken? Was würde vermutlich besser/schlimmer werden?**
2. **Beschreibt, für welchen Lösungsansatz ihr euch entscheiden würdet. Begründet schriftlich eure Entscheidung.**

3. **Eine Anzeige bei der Polizei kann das Mobbingproblem oftmals nicht vollständig lösen. Stelle gegenüber, wobei die Polizei helfen kann und wobei nicht.**
4. **Cybermobbing kann krank machen. Überlege, was du selbst tun kannst, damit es dir in einer schwierigen Situation wieder besser geht.**

ISBN 978-3-8346-2932-6 | www.verlagruhr.de

Der „Rethink"-Button

Denk noch einmal drüber nach

Die 14-jährige Schülerin Trisha Prabhu aus den USA hat es mit folgender Idee unter die 15 Finalisten des internationalen Wettbewerbs „Google Science Fair" geschafft: Um Cybermobbing zu verhindern, sollen Internetnutzer ihre Beiträge noch einmal überdenken, bevor sie sie auf Facebook®, WhatsApp oder Twitter veröffentlichen. Dazu hat sie ein Programm entwickelt, dass nach dem Drücken des Senden-Knopfes die Nutzer noch einmal auffordert, über ihren Beitrag nachzudenken und zu entscheiden, ob sie ihn wirklich veröffentlichen wollen. Erst wenn sie den „Rethink"-Button („rethink" engl. = überdenken) anklicken, wird die Nachricht auch tatsächlich gesendet. In einem Experiment zeigte sie 300 Schülern beleidigende und verletzende Beiträge mit dem Auftrag, zu entscheiden, ob sie diese posten würden. Die große Mehrheit entschied sich zunächst dafür. Nach dem Erscheinen des „Rethink"-Buttons mit der Nachricht „Diese Botschaft könnte andere verletzen" entschieden sich 93 Prozent der Schüler letztendlich gegen die Veröffentlichung.

AUFGABEN

1. Diskutiert, warum der „Rethink"-Button im Experiment so eine große Wirkung zeigte.
2. Aus welchen Emotionen heraus werden beleidigende und verletzende Beiträge gepostet? Tauscht euch über eure Erfahrungen damit aus.
3. Stellt Vermutungen darüber an, ob und inwieweit der „Rethink"-Button euch ...
   → bewusst machen würde, dass euer Handeln negative Folgen für die betroffene Person haben kann.
   → eure Verantwortung für das Geschriebene verdeutlichen würde.
   → zum Umdenken bewegen würde.
   Begründet eure Vermutungen.
4.  Erklärt oder findet im Internet heraus, was ein „Shitstorm" ist. Diskutiert, ob der „Rethink"-Button Einfluss auf einen Shitstorm haben könnte.
5.  Schreibe einen Brief an Trisha Prabhu, in dem du deine Meinung zu ihrer Idee äußerst.
6.  Sammelt gemeinsam weitere Ideen, was man gegen Cybermobbing tun kann.

ISBN 978-3-8346-2932-6 | www.verlagruhr.de

Tipps zum Verhalten bei Cybermobbing (1/2)

Sperre den „Cybermobber"

Die meisten verantwortungsbewussten Anbieter von sozialen Netzwerken oder anderen Internetdiensten geben dir die Möglichkeit, jemanden, der sich mies verhält, zu sperren oder zu melden. Nutze diese Features, sie sind nicht umsonst da. [...]

Antworte nicht

Reagiere nicht auf beleidigende oder unangenehme Nachrichten, auch wenn es dir schwerfällt. Eine Reaktion von dir ist genau das, was der „Cybermobber" will, er fühlt sich so bestätigt. Sollten die Nachrichten nicht aufhören, eröffne einen neuen E-Mail-Account.

Sichere Beweise

Lerne, wie du Kopien von unangenehmen Nachrichten, Bildern oder Online-Gesprächen machst. Sie werden dir helfen, anderen zu zeigen, was passiert ist, und können helfen, deinen Peiniger zu ermitteln [z. B. an deiner Schule, bei deinem Mobilfunkanbieter, deinem Internetanbieter oder sogar der Polizei].

Rede darüber

Wenn du [...] im Internet oder über Handy eingeschüchtert oder schikaniert wirst [...], musst du damit nicht allein umgehen.

Um Hilfe zu bekommen, wende dich an: [...]

- einen Erwachsenen, dem du vertraust, der dir dabei helfen kann, über den Fall am richtigen Ort zu berichten [...]
- den Service-Anbieter, über den du gemobbt wirst (Internet, Handy)
- deine Schule: Dein (Vertrauens-)Lehrer kann dich unterstützen und kann die Person, die dich mobbt, zur Rede stellen. [...]

Schaue auch selbst nicht einfach zu, wenn du merkst, dass jemand gemobbt wird, sondern unterstütze das Opfer und berichte über das Cybermobbing. Denn wie würdest du dich fühlen, wenn dir keiner helfen würde?

(Quelle: Rack, Stefanie und Fileccia, Marco (2014): „Was tun bei Cyber-Mobbing?", S. 13 f. – Online-Broschüre auf www.klicksafe.de/themen/kommunizieren/cyber-mobbing/)

AUFGABEN

1. **Erkläre oder finde heraus, was ein „Screenshot" ist, und beschreibe, wie er funktioniert.**
2. **Finde heraus und beschreibe, wie du bei Facebook®, WhatsApp oder anderen Diensten, die du nutzt, eine Person, die dich belästigt, melden oder blockieren kannst.**

Weitere Infos findest du auf: www.klicksafe.de

ISBN 978-3-8346-2932-6 | www.verlagruhr.de

Tipps zum Verhalten bei Cybermobbing (2/2)

Weitere Hilfen bei Cybermobbing

Beschwerdestellen im Internet

Kursieren Bilder online, die dir unangenehm sind, kannst du diese dem Betreiber oder den folgenden Beschwerdestellen melden:

→ www.internet-beschwerdestelle.de
Über diese Seite können rechtswidrige Inhalte im Internet gemeldet werden.

→ www.jugendschutz.net/hotline/index.html
Hinweise können an die E-Mail-Adresse hotline@jugendschutz.net oder über das Beschwerdeformular auf der Internetseite gemeldet werden.
Auch anonyme Hinweise werden bearbeitet.

Örtliche Polizeidienststelle

Wende dich in schwerwiegenden Fällen an die Polizei und erstatte Anzeige.

Telefonische Beratung

Wenn du nicht mehr weiterweißt und dir niemand einfällt, mit dem du reden könntest, dann rufe bei einer der folgenden Nummern an:

→ **Nummer gegen Kummer: 0800-1110333**
Das Kinder- und Jugendtelefon ist montags bis samstags von 14–20 Uhr telefonisch und sonst auch per E-Mail zu erreichen. Am Samstag sitzen Jugendliche am Telefon. Die Beratung ist anonym, der Anruf erscheint nicht auf der Telefonrechnung und ist kostenlos (auch mobil). (www.nummergegenkummer.de)

→ **Telefonseelsorge: 0800-1110111 oder 0800-1110222**
Das Angebot der evangelischen und katholischen Kirche umfasst kostenlose und anonyme Telefon-, Chat- und Mailberatung. Die Telefonseelsorge ist rund um die Uhr (24h!) erreichbar und richtet sich sowohl an Erwachsene als auch an Kinder und Jugendliche.

→ **Infofon: 089-1215000**
Das Münchener Informations- und Beratungstelefon von Jugendlichen für Jugendliche ist täglich von 18–22 Uhr unter der oben genannten Nummer und online unter www.info4mux.de erreichbar. (www.1215000.de)

Tipps fürs Telefonieren

» Beginne das Gespräch, indem du deinen Namen und dein Alter nennst, so kann sich der Berater auf dich einstellen. Du musst deinen richtigen Namen nicht nennen, wenn du das nicht möchtest.

» Erzähle, warum du dich unglücklich fühlst, und berichte, was passiert ist.

» Bitte den Berater auch um Hilfsangebote und Ansprechpartner in deiner Nähe. Sie können dir hierbei sicherlich weiterhelfen, wenn du dies möchtest.

» Solltest du nicht zufrieden mit deinem Berater sein oder das Gefühl haben, dass der dich nicht richtig versteht, dann sag es ihm. Bitte darum, mit jemand anderem sprechen zu können, oder ruf an einem anderen Tag noch einmal an.

ISBN 978-3-8346-2932-6 | www.verlagruhr.de

Cybermobbing:
Wie kontaktiere ich Service-Anbieter? (1/2)

Auf diesen zwei Seiten findest du Tipps, wie du mit dem Anbieter Kontakt aufnehmen kannst.

Tipp bei Mobbing in sozialen Netzwerken

Viele Betreiber sozialer Netzwerke [wie Facebook®, Google+ oder Tumblr] bieten inzwischen die Möglichkeit, Cybermobbingvorfälle zu melden. Sie haben leicht zu findende Meldefunktionen, die benutzerfreundlich sind. Erhalten die Anbieter Hinweise auf Cybermobbing, werden sie diese prüfen und können Inhalte löschen, die illegal sind oder gegen den Verhaltenskodex auf eine andere Weise verstoßen. [...]
Sollte man Mitglied eines sozialen Netzwerkes sein, innerhalb dessen es keine Möglichkeiten gibt, jemanden zu ignorieren oder zu melden, empfiehlt es sich, das Netzwerk zu verlassen. Es ist nicht üblich und obendrein unseriös, wenn innerhalb eines sozialen Netzwerkes keine Möglichkeit besteht, Inhalte oder Nutzer an den Betreiber der Seite zu melden.

Mein Kommentar: ....

....

....

Tipp bei Mobbing per E-Mail

Bekommt man unerwünschte, beleidigende oder gar bedrohende E-Mails, sollte man die E-Mail-Adresse des Belästigers zunächst wie eine Spam-Adresse behandeln. Man kann jede beliebige E-Mail-Adresse auf die Spam-Liste setzen. Dann kommen die unerwünschten Nachrichten gleich in den Papierkorb.

Mein Kommentar: ....

....

....

Tipp bei Mobbing in Video-Portalen

Es gibt [...] die Möglichkeit, Videos auf Video-Portalen (wie bspw. YouTube®, [Instagram, YouNow®] MyVideo, Clipfish [...] etc.) entfernen zu lassen. Dies ist dann z. B. möglich, wenn illegale Inhalte innerhalb der Videos zu finden sind – wie z. B. Kinderpornografie, Gewaltdarstellungen oder Anstachelung zum Hass – oder sie sonstige gesetzliche Regelungen verletzen. Dazu zählen auch Videos, in denen Personen ohne ihre explizite Zustimmung gezeigt werden, oder Filme, in denen über eine Person in diskriminierender Art und Weise gesprochen wird. Innerhalb der meisten Video-Portale gibt es – wie in sozialen Netzwerken – sogenannte „Melden"-Buttons. Klickt man auf diese, hat man die Möglichkeit anzugeben, warum man das Video meldet.
Ist man bspw. ungefragt abgebildet worden, kann man angeben, dass die eigenen Persönlichkeitsrechte durch dieses Video verletzt werden.
Der Betreiber ist dann verpflichtet, das Video aus seinem Portal zu entfernen.
Das Online-Stellen von privaten, intimen Aufnahmen des Expartners/der Expartnerin auf Porno-Portalen (wie z. B. YouPorn®) ohne Erlaubnis des oder der Betroffenen fällt auch in diesen Bereich. Nicht selten sind solche Maßnahmen als „Racheakte" gedacht, etwa nach einer nicht verwundenen Trennung.

Mein Kommentar: ....

....

....

Weitere Infos und Tipps findest du unter www.klicksafe.de

ISBN 978-3-8346-2932-6 | www.verlagruhr.de

Cybermobbing:
Wie kontaktiere ich Service-Anbieter? (2/2)

Tipp bei Mobbing in Instant Messengern

Egal welchen Instant Messenger man nutzt, die Möglichkeit, Personen zu ignorieren, sodass man keine Nachrichten mehr von ihnen bekommen kann, ist heute Standard.
Auf klicksafe.de sind unter der Kategorie „Instant Messenger" einige Messenger aufgelistet und es wird unter Sicherheitseinstellungen jeweils beschrieben, wie man unerwünschten Kontakt am besten verhindern kann.

Mein Kommentar: ....

....

....

Tipp bei Mobbing per Handy

Die Handyanbieter dürfen aus Datenschutzgründen die Handynummer von Kunden nicht herausgeben, auch nicht, wenn von einer Nummer eine Belästigung ausgeht. Jedoch kann man einige Nummern (wenn sie nicht unterdrückt sind) auf seinem Handy-Display sehen. Bekommt man wiederholt unerwünschte SMS oder wird von ständigen Anrufen belästigt, sollte man sich von seinem Handyanbieter eine neue Nummer geben lassen. Bei anhaltender Belästigung oder gar Bedrohung empfiehlt es sich zusätzlich, die Polizei einzuschalten.

Mein Kommentar: ....

....

....

Tipp bei Mobbing in Chatrooms/Foren/Blogs

Normalerweise haben Chat-Betreiber klare und leicht zu findende Meldefunktionen, die es einem ermöglichen, ihnen direkt zu schreiben. So können Benutzer, die sich nicht an die Chat-Regeln halten, gelöscht werden. Dasselbe gilt für einzelne Beiträge und Kommentare. Es gibt zudem spezielle Chatrooms für die Zielgruppe der jungen Nutzer, die nur zu bestimmten Tageszeiten geöffnet sind und größtenteils moderiert werden. Innerhalb dieser Chats können Moderatoren Verwarnungen aussprechen bzw. solche Nutzer ausschließen, die sich nicht an die Forenregeln halten.
Findet man sich in einem Chat oder Forum wieder, in dem niemand auf Beschwerden reagiert, sollte man dieses Portal in Zukunft besser meiden.

Mein Kommentar: ....

....

....

(Quelle: http://stage.klicksafe.de/themen/kommunizieren/cyber-mobbing/wie-kontaktiere-ich-service-anbieter/)

AUFGABE

Suche dir drei der Tipps aus und schreibe einen kurzen Kommentar dazu.
→ Wie bewertest du den jeweiligen Tipp?
→ Welche Erfahrungen hast du gemacht?

ISBN 978-3-8346-2932-6 | www.verlagruhr.de

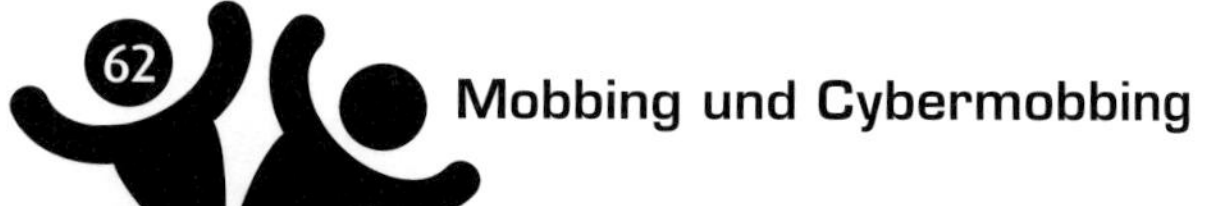

ISBN 978-3-8346-2932-6 | www.verlagruhr.de

Kapitel 4:

Konsequenzen von Mobbing

Kopiervorlagen

Mobbing und seine Folgen

Manche Mobbingopfer werden beschimpft, andere werden ignoriert und wieder andere sind körperlichen Angriffen ausgesetzt. Egal wie gemobbt wird, die Opfer leiden unter dem Mobbing und haben nicht nur mit kurzfristigen, sondern oftmals auch mit langfristigen Folgen zu kämpfen.

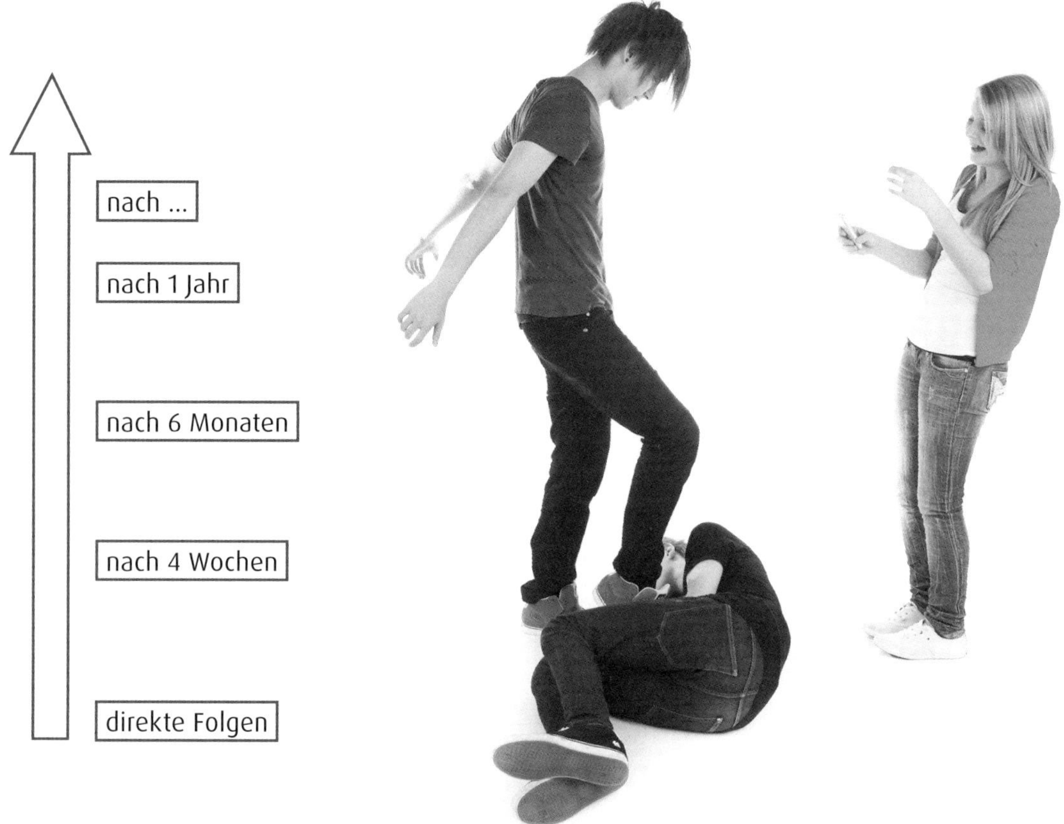

AUFGABEN

1. Seht euch das Bild an und beschreibt, welche Gefühle sich bei euch einstellen. Wie erlebt der Junge, der auf dem Boden liegt, wohl die Situation? Was spürt er währenddessen und wie fühlt er sich unmittelbar nach der Gewalttat?
2. Macht euch Notizen, wozu Mobbing führen kann: Welche Folgen treten direkt auf? Welche Probleme/Schwierigkeiten können nach ein paar Tagen/Wochen/Monaten/Jahren auftreten?
3. Findet euch in 2er-Teams zusammen und fertigt eine Zeitleiste zu den Mobbingfolgen an. Zeichnet dazu einen Pfeil wie im oben stehenden Beispiel auf ein großes Blatt und ordnet eure Ergebnisse aus Aufgabe 2 den verschiedenen Zeiten zu. Präsentiert eure fertige Zeitleiste anschließend euren Mitschülern.

4. Stellt weitere Vermutungen über die Folgen von Mobbing an: Welche Folgen hat es ...
   - → für die Täter?
   - → für die Freunde des Opfers?
   - → für die Familie des Opfers?
5. Diskutiert, wie sich Mobbing auf die ganze Klasse auswirken kann.

ISBN 978-3-8346-2932-6 | www.verlagruhr.de

Folgen für die Opfer

Mobbing und Cybermobbing fängt in der Regel mit kleinen Gemeinheiten an, kann aber langfristig einen schlimmen Verlauf nehmen und für die Opfer schwerwiegende Folgen haben. Sie können sich sowohl auf die körperliche als auch auf die seelische Gesundheit auswirken. Viele Mobbingopfer beginnen zu glauben, dass die Täter mit ihren Anschuldigungen Recht haben; sie bekommen Selbstzweifel und geben sich die Schuld an ihrer Situation. Wer gemobbt wurde, dessen Selbstvertrauen und Selbstwertgefühl sind daher stark gestört oder am Ende sogar ganz zerstört. Sie können nur mühsam – und in der Regel nur mit professioneller Hilfe – wieder aufgebaut werden. Die Folgen wirken somit noch lange nach und können auch zu Problemen im Erwachsenenalter führen.

Mobbing hat immer auch Auswirkungen auf das Verhalten der Opfer. Diese können jedoch ganz unterschiedlich aussehen: Während manche Opfer depressiv werden und sich zurückziehen, werden andere zunehmend misstrauisch, ängstlich, aggressiv oder fangen plötzlich an, selbst zu mobben. Das kann dazu führen, dass die Situation immer weiter eskaliert.

(Cyber-)Mobbing führt zu:

Panikattacken Leistungsabfall Stress
Angstgefühlen
Selbstzweifeln Depressionen Traurigkeit
Hassgefühlen gegen sich selbst
Antriebslosigkeit Appetitlosigkeit
Übelkeit Magenschmerzen
Erbrechen
Verschlossenheit Herzklopfen Albträumen
Gereiztheit Einsamkeitsgefühlen
Wutgefühlen
Verspannungen
Kopfschmerzen Hilflosigkeitsgefühlen
Schulwechsel Nervosität Rückzug
Schlaflosigkeit
Konzentrationsschwierigkeiten
Unsicherheitsgefühlen Verletzungen

AUFGABEN

1. Zeichnet die Tabelle ab und ordnet die oben rechts stehenden Auswirkungen von Mobbing in die passenden Spalten.

Körperliche Folgen	Seelische Folgen	Soziale Folgen

2. Tauscht euch darüber aus, welche Folgen ihr für das Opfer als besonders schlimm empfindet. Überlegt außerdem, welche dieser Folgen lang andauernd sind und auch noch im Erwachsenenalter Probleme bereiten können.

3. Vielen Tätern ist häufig nicht bewusst, welche Auswirkungen ihr Mobben für die Opfer hat. Stellt Vermutungen an, wie Mobber reagieren, wenn sie von den Folgen für die Opfer erfahren.

4. Es gibt viele Fälle, in denen die Opfer ihre Schule verlassen haben, um vor Mobbing zu fliehen. Wie bewertet ihr diese Entscheidung? Welche anderen Möglichkeiten haben sie, sich zu schützen?

5. Ein Mobbingopfer berichtet: „Ich war mir nichts mehr wert und musste erst einmal lernen, mich selbst wieder zu lieben." Erklärt, was der Schüler damit ausdrücken möchte. Welche Tipps würdet ihr ihm geben, damit das gelingen kann?

ISBN 978-3-8346-2932-6 | www.verlagruhr.de

Suizid nach Mobbing

In Extremfällen kann es vorkommen, dass Mobbingopfer das Geschehene nicht verarbeiten können und sich selbst verletzen. Manchmal sehen sie als letzten Ausweg aus ihrer verzweifelten Situation nur noch die Selbsttötung. Dabei wollen sie im Grunde nicht wirklich sterben, sondern ihrem realen Leben entfliehen. Sie fühlen sich hilflos, ohnmächtig und wollen nicht mehr so weiterleben wie bisher. Meist empfinden sie zwiespältige Gefühle: Zum einen möchten sie sterben, um den Quälereien und Demütigungen ein Ende zu bereiten, aber gleichzeitig wünschen sie sich auch, unter veränderten Bedingungen weiterzuleben. Hilft ihnen in dieser Situation niemand, um ihr Leben zu verändern, werden die Suizidgedanken immer stärker und können dann auch tatsächlich im Freitod enden.

So erging es wahrscheinlich auch Tim Ribberink, der sich mit 20 Jahren in der Wohnung seiner Eltern in Tilligte (Niederlande) das Leben genommen hat. Tim studierte und wollte Geschichtslehrer werden. Doch er wurde jahrelang gemobbt und hat immer wieder auf Facebook® und Twitter Nachrichten bekommen, in denen er als „Softie“, „Loser“ und „Homo“ beschimpft wurde. Eines Tages hielt er es nicht mehr aus und nahm sich das Leben. Seine Eltern haben in der Traueranzeige für ihren Sohn einen Teil aus seinem Abschiedsbrief veröffentlicht:

Liebe Pap und Mam, ich wurde mein ganzes Leben lang verspottet, gemobbt, gehänselt und ausgeschlossen. Ihr seid fantastisch. Ich hoffe, dass ihr nicht sauer seid. Auf Wiedersehen, Tim

AUFGABEN

1. **Überlegt, ob es Möglichkeiten gegeben hätte, den Lauf der Dinge zu ändern und Tims Tod zu verhindern.**
2. **Sammelt alle gemeinsam Ideen: Gibt es mögliche Warnsignale, wenn jemand Suizidgedanken hat? Welche? Warum ist es so schwer, sie zu erkennen?**
3. **Wie bewertet ihr die Entscheidung von Tims Eltern, den Abschiedsbrief in die Traueranzeige zu setzen? Was wollten sie damit wohl bewirken?**

4. **Im Jahr 2012 beging die kanadische Schülerin Amanda Todd wegen Cybermobbings mit 15 Jahren Selbstmord. Kurz vor ihrem Tod veröffentlichte sie ein Video. In dem stummen Film erzählt sie ihre Geschichte durch handgeschriebene Zettel, die sie vor die Kamera hält.**
   Das Video von Amanda Todd findet ihr auf www.youtube.com/watch?v=Au0cemUHTGA (9 Min.).
   Seht euch das Video an und besprecht dann in Partnerarbeit folgende Fragen:
   → Wem hätte wann auffallen können/müssen, dass es Amanda nicht gut geht?
   → Wer hätte etwas tun können?
   → Wie hätte Amanda geholfen werden können?

ISBN 978-3-8346-2932-6 | www.verlagruhr.de

Was passiert mit den Tätern?

Oftmals gelingt es den Mobbern, unerkannt zu bleiben, und sie müssen keine Verantwortung für ihr unsoziales Verhalten übernehmen. Werden sie von anderen nicht darauf aufmerksam gemacht, dass ihr Tun gewalttätig und strafbar ist, entsteht bei vielen Tätern weder ein Unrechts- noch ein Schuldbewusstsein und sie mobben immer weiter. Dennoch kann auch für sie das Mobben Auswirkungen haben. Werden Mobber hingegen erwischt oder sogar angezeigt, dann können ihnen harte Konsequenzen drohen.

Tipps für Aussteiger

- sich fragen, warum man mobbt. Hat einem das Opfer etwas getan? Dann sollte man versuchen, die Angelegenheit direkt zu klären und aus der Welt zu schaffen.
- das Mobben zugeben und über das Vorgefallene mit einem Erwachsenen reden, bspw. mit einem Vertrauenslehrer oder einer anderen Vertrauensperson
- sich Hilfe bei einem Schulpsychologen oder einer Jugendberatungsstelle holen, um gemeinsam herauszufinden, woher die Aggressionen kommen und was man dagegen tun kann
- sich abreagieren, indem man seine Energie z. B. in einer Sportart einsetzt
- sich „Luft machen", indem man aufschreibt, worüber man sich ärgert
- sich bei dem Opfer entschuldigen und das Mobben stoppen

Mobben kann zu Problemen führen, einsam und krank machen

Mobber bekommen mit ihrer aggressiven und verletzenden Art nicht selten Schwierigkeiten. Fliegen sie auf, droht ihnen Ärger: mit den Eltern, den betroffenen Personen, den Lehrern, der Schule oder sogar mit der Polizei. Sie gehen das Risiko ein, von der Schule zu fliegen und keinen Schulabschluss zu bekommen. Wer 14 Jahre oder älter ist, ist zudem strafmündig und muss vor dem Gesetz dafür geradestehen, wenn er jemanden verletzt, bedroht oder erpresst. Auch kommt es vor, dass Mobber, nachdem ihre Taten bekannt geworden sind, selbst in der Schule, im Internet oder per Handy gemobbt werden und von ihren Klassenkameraden oder ihrem Freundeskreis ausgeschlossen und abgelehnt werden.

Gewalttätigkeiten – egal ob mit Schlägen oder Worten – machen einsam. Menschen, die andere bedrohen, provozieren, erpressen oder prügeln, haben wenige Freunde. Sie verbreiten Angst und Schrecken, sodass andere sich vor ihnen fürchten. Irgendwann steht man plötzlich allein da. Untersuchungen haben zudem gezeigt, dass Menschen, die andere mobben, ein hohes Risiko haben, im späteren Leben selbst Depressionen, psychische Erkrankungen oder Beziehungsprobleme zu bekommen. Einige Mobber fühlen sich sogar so schlecht, dass sie Selbstmordgedanken entwickeln.

AUFGABEN

1. **Vergleicht die im rechts stehenden Infokasten beschriebenen Folgen für die Täter mit denen für die Opfer. Beschreibt die Ähnlichkeiten und Unterschiede, die ihr feststellen könnt.**
2. **Bewertet die „Tipps für Aussteiger". Entwickelt eigene Ideen, wie es eurer Meinung nach Tätern gelingen kann, mit dem Mobben aufzuhören, und tauscht euch aus.**

3. **Nehmt begründet Stellung zu der Aussage: „Das Zugeben von Mobbing und Fehlern, die man gemacht hat, erfordert nicht nur Mut, sondern zeigt auch Stärke."**

ISBN 978-3-8346-2932-6 | www.verlagruhr.de

Reale Fälle – rechtliche Konsequenzen

Verurteilung in Großbritannien

Erste Verurteilung wegen Cybermobbing

Viele Jugendliche sind Opfer von Beleidigungen und Drohungen im Internet. Zum ersten Mal wurde deswegen ein 18 Jahre alter Teenager zu einer Haftstrafe verurteilt.

Die 18-Jährige hatte eine ehemalige Schulkameradin auf Facebook® seit Jahren verbal und auch körperlich bedroht. Jetzt muss die junge Britin drei Monate in eine Jugendstrafanstalt, weil sie auf der Internetplattform Facebook® das andere Mädchen mit dem Tod bedroht hatte, berichteten britische Medien. Ein Gericht in Worcester verurteilte sie zudem dazu, fünf Jahre nicht mit ihrer Bekannten in Kontakt zu treten oder Kommentare über sie im Internet zu verbreiten.

Erstmals ist in Großbritannien ein Teenager wegen Mobbings im Internet zu einer Haftstrafe verurteilt worden. „Die Verurteilung ist ein wichtiger Präzedenzfall", sagte Emma-Jane Cross von der Antimobbing-Organisation Beatbullying. Mobbing im Internet verbreite sich immer schneller und könne „schädlicher als das typische Mobbing auf dem Schulhof" sein. [...]

(Quelle: Artikel vom 22. August 2009 auf www.zeit.de/online/2009/35/mobbing-facebook-grossbritannien)

Geldstrafe in Schweden

Schülerinnen wegen Cybermobbing verurteilt

[...] Ein Gericht im schwedischen Göteborg hat zwei Schülerinnen [...] wegen schwerer Verleumdung verurteilt. Die beiden hatten im Dezember auf der Internetplattform Instagram Bilder mehrerer Mädchen hochgeladen und mit kränkenden Kommentaren versehen. Von „Horor och slampor" schrieben sie. Von „Huren und Schlampen". [...]

Das 15-jährige Mädchen gestand im Verhör alles sofort, die 16-Jährige hingegen stritt bis zuletzt alles ab und hatte auch alle Informationen auf ihrem Mobiltelefon gelöscht, teilte das Gericht mit. Die beiden waren zu der Zeit eng befreundet, hatten sich auch SMS geschrieben. Aus denen geht hervor, dass beide in die Aktion involviert waren, urteilte das Gericht.

Deswegen bestraften die Richter auch beide: die 15-Jährige zu einer Jugendstrafe, die 16-Jährige zu 45 Stunden gemeinnütziger Arbeit. Ihren 38 Opfern müssen die Mädchen als Entschädigung jeweils 15000 Kronen (1700 Euro) zahlen, insgesamt eine Summe von 570000 Kronen (65000 Euro). Einen Teil sollen die Mädchen übernehmen, einen Teil deren Erziehungsberechtigte, heißt es in einer Mitteilung des Gerichts.

(Quelle: Artikel vom 25. Juni 2013 auf www.spiegel.de/schulspiegel/ausland/instagram-schwedische-maedchen-wegen-internetmobbing-verurteilt-a-907807.html)

AUFGABEN

1. **Lest die beiden Zeitungsartikel. Findet ihr die Urteile aus Großbritannien und Schweden gerecht? Nehmt begründet Stellung zu den beiden Fällen.**
2. **Was sollte eurer Meinung nach mit Mobbern in eurem Alter passieren? Wie müsste mit ihnen umgegangen werden? Sollten sie bestraft werden? Wenn ja, wie?**
3. **Sammelt Gründe für und gegen Strafen für Mobbingtäter und schreibt eure eigene Position zu dem Thema auf. Geht dabei auch auf die Frage ein, warum Strafen oft nicht wirken.**
4. **Denkt euch in Partnerarbeit ein Gesetz gegen Cybermobbing aus und stellt es in der Klasse vor. Diskutiert, welchen Entwurf ihr warum am gelungensten findet.**

ISBN 978-3-8346-2932-6 | www.verlagruhr.de

Verboten!? Was sagt das Gesetz?

Bislang gibt es in Deutschland noch kein spezielles Mobbing- oder Cybermobbing-Gesetz. Dennoch: Wer mobbt, muss mit harten Strafen rechnen. Denn es gibt allgemeine Gesetze, die uns schützen und auch im Fall von Mobbing greifen. Die derzeitige Rechtslage reicht somit aus, um solch ein Handeln zu verfolgen und auch zu bestrafen.

(Cyber-)Mobbing ist strafbar!

Wer andere im realen Leben oder im Internet fertigmacht, sie belästigt, Lügen verbreitet oder ihnen mit Gewalt droht, macht sich damit strafbar. Eine oder sogar mehrere der folgenden Straftaten sind oftmals ein Teil von (Cyber-)Mobbing: **Beleidigung** (§ 185 StGB = Strafgesetzbuch), **üble Nachrede** (§ 186 StGB), **Verleumdung** (§ 187 StGB), **Nötigung** (§ 240 StGB), **Bedrohung** (§ 241 StGB), **Erpressung** (§ 253 StGB), **die Verletzung des Persönlichkeitsrechts** (§ 201a StGB) und **Gewaltdarstellung** (§ 131 [1] StGB). Verstöße gegen diese Gesetze können verfolgt und geahndet werden.

Es drohen hohe Geldstrafen und bei Erwachsenen sogar Freiheitsstrafen von bis zu fünf Jahren. Bei Kindern unter 14 Jahren werden bei Straftaten die Eltern zur Verantwortung gezogen. Jugendliche von 14 bis 17 Jahren sind schon selbst verantwortlich für das, was sie tun. Bei ihnen wird das Jugendstrafrecht angewendet.

AUFGABEN

1. **Sucht euch einen Partner und erklärt euch gegenseitig die im Text fett markierten Straftaten. Wenn ihr eine Straftat nicht kennt, recherchiert im Lexikon oder im Internet. Klärt offene Fragen gemeinsam mit der Klasse.**

   Hilfreiche Internetseiten:
   www.polizei-beratung.de (Suchfeld: → „Cybermobbing" → „Folgen für Täter")
   www.hanisauland.de/spezial/mobbing/mobbing-kapitel-5.html/mobbing-kapitel-1012.html

2. **Denkt euch in Einzelarbeit zu drei der Straftaten ein anschauliches Beispiel bzw. eine Mobbingsituation aus. Sucht euch einen Partner und tauscht eure Beispiele aus. Versucht, die Beispiele den jeweiligen Straftaten richtig zuzuordnen!**

3. **Diskutiert, ob unsere derzeitigen Gesetze ausreichen, um Mobbing zu ahnden, oder ob eurer Meinung nach eine Verschärfung des Strafrechts notwendig ist.**

4. **Im Internet wird manchmal auch zur Selbstjustiz von (angeblichen) Tätern aufgerufen. Findet Erklärungen dafür, warum Selbstjustiz verboten ist und welche Gefahren damit verbunden sind.**

5. **Cybermobbing hat verschiedene Ausprägungen, dazu gehören: Cyberstalking, Denigration, Exclusion, Flaming, Harassment, Impersonation, Outing und Trickery. Recherchiert die Bedeutung der Begriffe und erklärt die Ausprägungen.**

   Hilfreiche Internetseiten:
   www.helles-koepfchen.de/artikel/3090.html
   www.klicksafe.de/themen/kommunizieren/cyber-mobbing/cyber-mobbing-was-ist-das/

ISBN 978-3-8346-2932-6 | www.verlagruhr.de

Was du über Handyfilme wissen solltest

In Zusammenhang mit Handyfilmen werden oft Gesetze übertreten. Je nach Tat können verschiedene Gesetze Anwendung finden. Natürlich wird das im Einzelfall immer genau geprüft.

Relevante Gesetze zum Thema Handyfilme

Besitz von einschlägigen Inhalten auf dem Handy

- Volksverhetzung: § 130 StGB (Strafgesetzbuch)
- Verwenden von Kennzeichen verfassungswidriger Organisationen: § 86a StGB
- Anleitung zu Straftaten: § 130a StGB
- Gewaltdarstellung: § 131 StGB
- Verbreitung gewalt- oder tierpornografischer Schriften: § 184 a StGB
- Verbreitung, Erwerb und Besitz kinderpornografischer Schriften: § 184 b StGB
- Beleidigung: § 185 StGB
- Verleumdung: § 187 StGB
- Verletzung des höchstpersönlichen Lebensbereichs durch Bildaufnahmen: § 201 a StGB
- Verstoß gegen das Recht auf das eigene Bild: § 22, 33 KUG (Kunsturheberrecht)

Beobachten von Happy Slapping

Jeder, der einen Fall von Happy Slapping beobachtet, ist aufgefordert, dies zur Anzeige zu bringen. Falls das unterbleibt, wird ggf. der Straftatbestand der unterlassenen Hilfeleistung (§ 323 c StGB) und Strafvereitelung (§ 258 StGB) erfüllt.

Aktive Misshandlungen von Personen [und] Filmen des Vorgangs (Happy Slapping)

- Körperverletzungsdelikte: § 223 StGB
- Bedrohung: § 241 StGB
- Beleidigung: § 185 StGB
- Nötigung: § 240 StGB
- Straftaten gegen die sexuelle Selbstbestimmung: § 176 StGB
- Hausfriedensbruch: § 123 StGB
- Verstoß gegen das Recht auf das eigene Bild: § 22, 33 KUG
- Verletzung des höchstpersönlichen Lebensbereichs durch Bildaufnahmen: § 201 a StGB
- Unterlassene Hilfeleistung: § 323 c StGB
- Anstiftung und Mittäterschaft zu o. g. Delikten

(Quelle: ServiceBureau Jugendinformationen (2008): „Happy Slapping & Co. – Was du zum Thema (illegale) Handyfilme wissen solltest", S. 4 – Online-Broschüre auf http://servicebureau.de/materialien/gewalt-und-sex-filme-auf-dem-handy/)

AUFGABEN

1. **Sucht euch einen Partner und erklärt euch gegenseitig die Begriffe im Kasten. Klärt offene Fragen gemeinsam mit der Klasse.**
2. **Findet genauere Informationen über die juristischen Konsequenzen für die Mobbingtäter heraus: Mit welchen Geld- oder Freiheitsstrafen müssen sie bei einem Verstoß rechnen?**

   Hilfreiche Internetseite:
   www.polizei-beratung.de (Suchfeld: → „Cybermobbing" → „Folgen für die Täter")

ISBN 978-3-8346-2932-6 | www.verlagruhr.de

Kapitel 5:

Kopiervorlagen

Klassenklima – Die Stimmungskurve

	Wie wohl fühlst du dich in deiner Klasse?	Wie gut kannst du in der Klasse lernen und arbeiten?	Wie gut kommst du mit deinen Klassenkameraden zurecht?	Wie gut kommst du mit deinen Lehrern zurecht?	Wie gut ist der Zusammenhalt in deiner Klasse?	Wie ist der Umgangston in deiner Klasse?	In meiner Klasse gibt es oft Konflikte.	Meine Lehrer bekommen meistens mit, wenn es Konflikte gibt.	Bei Streit und Problemen helfen uns unsere Lehrer.	Konflikte werden meist gut gelöst.	In meiner Klasse wird niemand gehänselt.	In meiner Klasse wird niemand ausgegrenzt.	In meiner Klasse wird niemand bedroht.	Ich habe Freunde in der Klasse.	Ich glaube, dass meine Klassenkameraden mich mögen.	Ich werde von meinen Klassenkameraden bei Spielen, Gruppenarbeit usw. nicht ausgegrenzt.
sehr gut/ stimmt 10																
9																
8																
7																
6																
5																
4																
sehr schlecht/ stimmt nicht 3																
2																
1																

AUFGABEN

1. Trage zu jeder Frage/Aussage ein Kreuz von 1 (sehr schlecht/stimmt nicht) bis 10 (sehr gut/stimmt) in die Skala ein. Verbinde am Ende die Kreuze miteinander, sodass eine Kurve entsteht wie im Beispiel rechts.
2. Bestimmt zwei bis drei Schüler, die die Stimmungskurven einsammeln und auswerten. Sie erhalten den Auftrag, zu jeder Frage die durchschnittliche Punktzahl zu berechnen. Das gemeinsame Ergebnis wird wie bei Aufgabe 1 als Kurve in ein neues Arbeitsblatt eingetragen.
3. Besprecht die Auswertung mit der Klasse. Diskutiert die Gründe, woran es liegt, dass ihr euch in eurer Klasse wohl bzw. nicht wohl fühlt.
4. Fallen euch noch weitere interessante Fragen zu eurem Klassenklima ein?
5. Sammelt Wünsche und Ziele für eure Klasse und überlegt, wie ihr diese erreichen wollt.

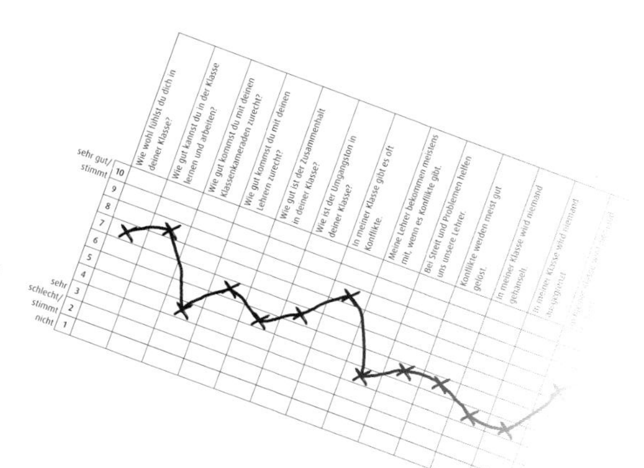

ISBN 978-3-8346-2932-6 | www.verlagruhr.de

Unsere Klasse als Haus

(Idee nach Kindler 2009)

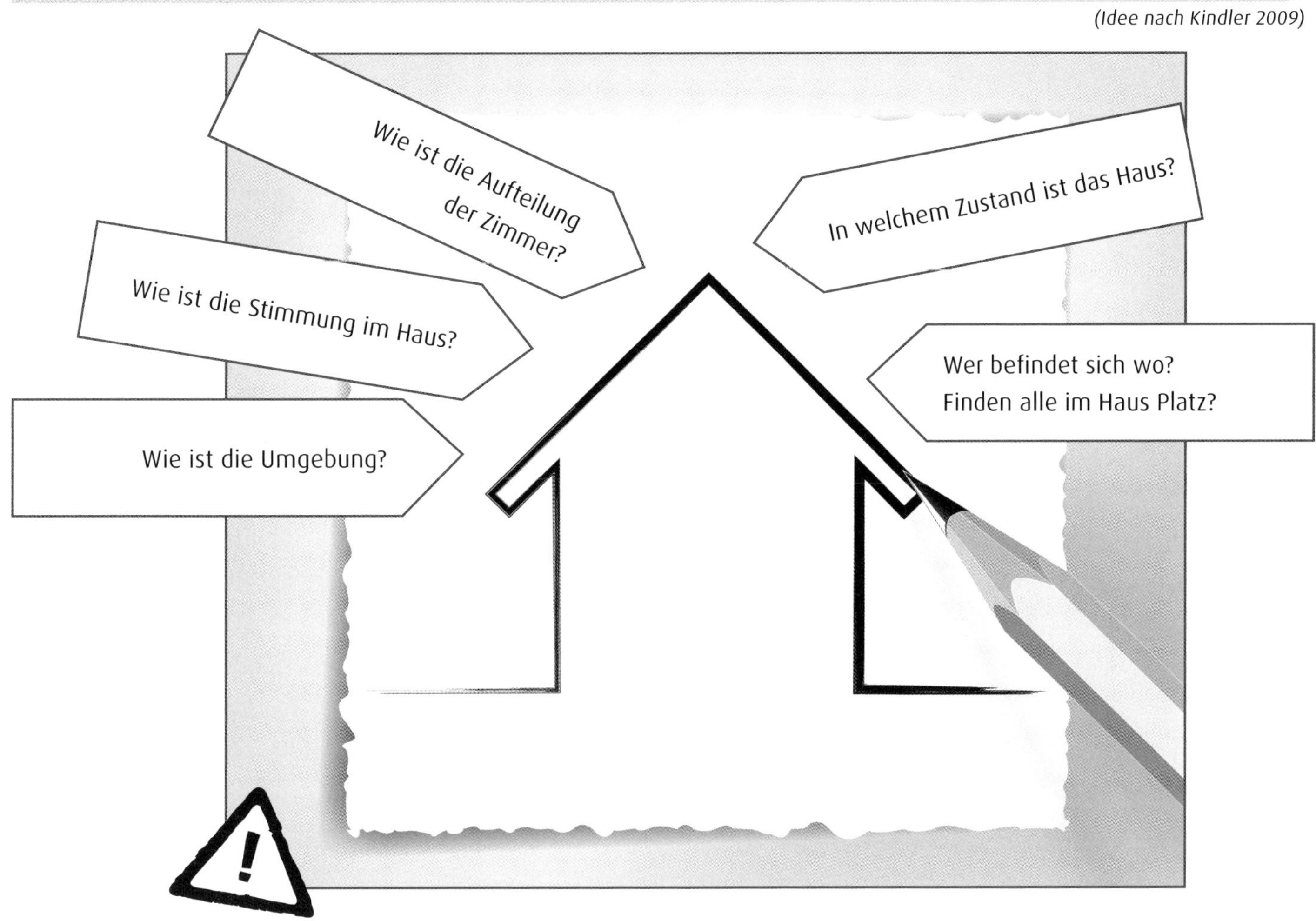

Achtung!
Niemand darf beleidigt oder bloßgestellt werden!

AUFGABEN

1. Bildet Kleingruppen von vier bis fünf Schülern nach dem Zufallsprinzip (Abzählen, Namen ziehen).
2. Malt gemeinsam ein Bild mit der Überschrift „Unsere Klasse als Haus" Beachtet bei der Zeichnung die Fragen aus der Abbildung.
3. Schreibt die Namen aller Mitschüler auf einzelne Klebezettel und überlegt euch, wo ihr sie im Haus platziert. Die Zettel könnt ihr bewegen und so die Position verändern, bevor ihr ihnen im Haus einen festen Platz zuweist.
4. Hängt euer Bild auf und stellt es der Klasse vor. Oder: Lasst das Bild vom Rest der Klasse deuten. Anschließend dürft ihr euch zu den Interpretationen äußern.
5. Vergleicht eure Bilder miteinander: Welche Gemeinsamkeiten/Unterschiede gibt es? Welche Stärken/Probleme der Klasse lassen sich herausstellen?
6. Diskutiert gemeinsam, wie wichtig für euch eine gute Klassengemeinschaft ist.
7. Entwickelt gemeinsam Ideen, was ihr tun könnt, um die „Haus-Situation" zu verändern und zu verbessern.

ISBN 978-3-8346-2932-6 | www.verlagruhr.de

Unsere „Hausordnung" –
Regeln für ein gutes Klassenklima

Damit sich alle in der Klasse wohlfühlen und Mobbing erst gar nicht entsteht, braucht es Regeln. Wahrscheinlich gibt es in eurer Klasse schon Regeln. Doch so wie sich Gesetze z. B. im Verkehr und im Sport ab und zu ändern oder überprüft werden müssen, so sollte dies auch mit Klassenregeln von Zeit zu Zeit geschehen.

Nutzt euer Wissen über Mobbing und stellt eine „Hausordnung" für eure Klasse auf. Was wünscht ihr euch von euren Mitschülern und Lehrern für den Umgang miteinander? Welche Regeln sollen sie beachten und welche sind euch besonders wichtig? Mit diesen Fragen sollt ihr euch beschäftigen und zu einem gemeinsamen Ergebnis zu kommen.

METHODE

„Placemat" – Die Platzdeckchen-Methode

Material: großes Blatt Papier (DIN A3), Stifte

So funktioniert's – Schritt für Schritt:

- Setzt euch in 3er- oder 4er-Gruppen zusammen. Jede Gruppe erhält einen Bogen Papier, den sie so aufteilt, dass jeder Schüler ein eigenes Feld vor sich hat und in der Mitte ein Feld für die Gruppenergebnisse frei bleibt.
- Jeder Schüler notiert in seinem Schülerfeld Vorschläge für ca. fünf Regeln.
  Tipp: *Denkt an eure jetzige Klassensituation: Was läuft gut und soll so bleiben? Worüber ärgert ihr euch zurzeit und wie kann es besser werden? Formuliert daraus Regeln.*
- Sprecht über eure Ergebnisse und vergleicht sie. Dazu könnt ihr das Blatt im Uhrzeigersinn drehen, sodass alle Gruppenmitglieder die Notizen der anderen lesen können.
- Entwickelt nun in der Gruppe ein gemeinsames Ergebnis. Einigt euch auf fünf gemeinsame Regeln und tragt sie in das Gruppenfeld in der Mitte ein.

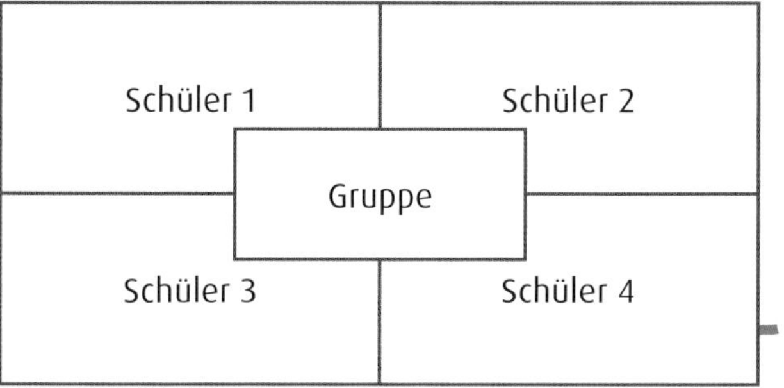

AUFGABEN

1. **Findet Regeln, die euch für ein friedliches Miteinander wichtig sind. Geht dabei nach der „Placemat"-Methode vor und kommt zu einem gemeinsamen Ergebnis.**
2. **Stellt euch die Gruppenergebnisse gegenseitig vor und diskutiert sie. Vergleicht die Regeln mit euren bisherigen Klassenregeln. Was ist ähnlich/gleich/neu? Welche Formulierungen gefallen euch am besten?**
3. **Findet mit der ganzen Klasse ein gemeinsames Ergebnis.**
4. **Erstellt ein großes Plakat, auf dem ihr die Klassenregeln für alle gut lesbar aufschreibt. Gestaltet es mit Bildern, Logos, Symbolen oder Zeichnungen und hängt es gut sichtbar in der Klasse auf. Denkt daran, eure Klassenregeln von allen unterschreiben zu lassen!**
5. **Überlegt, wie ihr auf die Einhaltung der Regeln achten könnt.**
6. **Diskutiert, was passieren soll, wenn jemand die Regeln verletzt. Versucht zu jeder Regel eine Konsequenz aufzustellen.**

Tipp: *Überprüft eure Klassenregeln von Zeit zu Zeit und wertet die Einhaltung der Regeln aus!*

ISBN 978-3-8346-2932-6 | www.verlagruhr.de

Das Experiment

Eine Woche völlig ohne Beschimpfungen und Beleidigungen, ohne Lästern, blöde Spitznamen oder Sprüche, ohne kleine Gemeinheiten, dumme „Späße" usw. – glaubt ihr, das geht? Legt gemeinsam mit der Klasse eine Woche fest, in der ihr dies ausprobieren und testen wollt. Jeder von euch wird sich in dieser Woche vornehmen, sich vorbildlich zu verhalten, und einen anderen Mitschüler dabei genau beobachten.
Bittet eure Lehrer, euch bei dem Experiment zu unterstützen, indem sie euch am Ende jeder Stunde 2 Minuten Zeit geben, damit ihr euch über das Verhalten des zu beobachtenden Mitschüler Notizen machen könnt.

AUFGABEN

1. **Schreibt euren Namen auf einen Zettel und faltet ihn. Sammelt die Zettel ein, mischt sie und zieht jeder einen. Dies ist die Person, die ihr nun eine Woche lang genau beobachtet.**
2. **Bewertet nach jeder Unterrichtsstunde das Verhalten dieser Person und tragt das entsprechende Zeichen dafür in die unten stehende Tabelle ein:**
   „+" = alles prima, keinerlei Auffälligkeiten
   „O" = eine kleine Auffälligkeit (z. B. ein dummer Spruch)
   „–" = mehrere oder größere Auffälligkeiten (z. B. Streiterei, Beleidigungen)
   Bei den „Notizen" kannst du die Auffälligkeiten kurz benennen.
3. **Wertet die Woche aus: Wie habt ihr es empfunden, auf alle Beleidigungen zu verzichten? Was ist euch leicht-/schwergefallen? Wie habt ihr die Woche für das Klassenklima empfunden? Denkt euch eine Ehrung für die Schüler mit den meisten Plus-Zeichen aus!**

„Das Experiment"

Beobachtungswoche vom .... bis zum ....

Name des Beobachters: .... Name der zu beobachtenden Person: ....

Stunde	Montag	Dienstag	Mittwoch	Donnerstag	Freitag
1					
2					
3					
4					
5					
6					
7					
8					
Notizen					

ISBN 978-3-8346-2932-6 | www.verlagruhr.de

Anti-Mobbing-Training (Teil I):
Teamwork (1/2)

**Macht euch stark gegen Mobbing:
Findet heraus, wie gut es euch gelingt, zusammenzuarbeiten.**

Übung 1: „Turmbau"

Material: pro Person 1 DIN-A4-Papier und 1 Büroklammer; pro Gruppe 1 Beobachtungsbogen zur Gruppenarbeit (► S. 102)

Beschreibung:
- Bildet Kleingruppen von fünf bis sechs Schülern nach dem Zufallsprinzip (Abzählen, Namen ziehen).
- Wählt oder lost in der Gruppe einen Beobachter, der den Beobachtungsbogen ausfüllt.
- Eure Aufgabe ist es, aus den Materialien innerhalb von 10 Minuten einen möglichst hohen Turm zu bauen. Der Turm soll allein stehen, ohne dabei gehalten zu werden.
  Ihr dürft keine weiteren Hilfsmittel benutzen. Gewonnen hat der Turm, der am höchsten ist. Bei exakt gleicher Höhe entscheidet die Schönheit.

Übung 2: „Aufstehen"

Material: 2 Beobachtungsbögen zur Gruppenarbeit (► S. 102)

Beschreibung:
- Wählt oder lost zwei Beobachter, die den Beobachtungsbogen ausfüllen.
- Setzt euch auf den Boden und bildet einen Sitzkreis mit dem Rücken zur Mitte.
  Der Kreis muss rund und sehr eng sein. Hakt euch nun bei eurem Nachbarn unter.
- Eure Aufgabe ist es, als gesamte Gruppe aufzustehen. Dabei dürft ihr euch nicht mit den Händen abstützen und müsst eingehakt bleiben.

Übung 3: „Teppich wenden"

Material: pro Gruppe 1 große Plane (Bettlaken/Tuch/Decke), 2 Beobachtungsbögen zur Gruppenarbeit (► S. 102)

Beschreibung:
- Wählt oder lost zwei Beobachter, die den Beobachtungsbogen ausfüllen, und einen „Aufseher", der darauf achtet, dass die Regeln eingehalten werden.
- Bildet nach dem Zufallsprinzip ein oder mehrere Teams von 12–15 Schülern.
- Faltet die Plane so klein zusammen, dass alle gerade noch darauf Platz finden, und stellt euch darauf.
- Eure Aufgabe ist es, die Plane umzudrehen, sodass sie am Ende auf der anderen Seite liegt. Dabei dürft ihr die Plane nicht verlassen. Tritt eine Person außerhalb der Plane auf den Boden, müssen alle von vorn beginnen.

Auswertung der Übungen:
Besprecht jeweils den/die Beobachtungsbögen. Prüft, inwieweit die Angaben der Beobachter mit den Empfindungen der Spieler während der Übung übereinstimmen.

ISBN 978-3-8346-2932-6 | www.verlagruhr.de

Anti-Mobbing-Training (Teil I):

Teamwork (2/2)

Übung 4: „Line-up"

Material: 8 Beobachtungsbögen zur Gruppenarbeit (► S. 102), pro Person eine Augenbinde/Tuch, Stühle/Bänke

Beschreibung:

» Wählt für jede Spielrunde zwei Beobachter, die je einen Beobachtungsbogen ausfüllen.

» Aufgabe ist es, euch so schnell wie möglich nach folgender Reihenfolge geordnet aufzustellen:
Runde 1: alphabetisch nach Vornamen (ohne Worte)
Runde 2: nach Schuhgröße (ohne Worte)
Runde 3: nach Körpergröße (mit verbundenen Augen)
Runde 4: nach Geburtsdatum (mit Worten; Aufstellen und Durchführung der Übung auf Stühlen oder Bänken)

Auswertung der Übung:
Besprecht die Beobachtungsbögen. Prüft, inwieweit die Angaben der Beobachter mit den Empfindungen der Spieler während der Übung übereinstimmen.

Übung 5: „Stühle weitergeben"

Material: pro Person 1 Stuhl, 2 Beobachtungsbögen zur Gruppenarbeit (► S. 102)

Beschreibung:

» Wählt oder lost zwei Beobachter, die je einen Beobachtungsbogen ausfüllen.

» Bildet einen Stuhlkreis und stellt euch hinter euren Stuhl.

» Stellt den Stuhl so auf, dass er nur auf zwei Beinen steht. Kippt ihn dazu entweder alle nach vorn oder alle nach hinten. Ihr dürft den Stuhl dabei nur mit einer Hand festhalten.

» Eure Aufgabe ist es, euch in eine Richtung von Stuhl zu Stuhl zu bewegen, ohne dass ein Stuhl auf seine vier Beine fällt. Kippt ein Stuhl, müssen alle zur Ausgangsposition zurück. Das Ziel ist erreicht, wenn alle wieder an ihrem Stuhl ankommen.

Auswertung der Übung:

1. Besprecht die Beobachtungsbögen. Prüft, inwieweit die Angaben der Beobachter mit den Empfindungen der Spieler während der Übung übereinstimmen.
2. Woran lag es, dass immer wieder von vorn angefangen werden musste? Welche Gefühle spielten dabei eine Rolle?

ISBN 978-3-8346-2932-6 | www.verlagruhr.de

Anti-Mobbing-Training (Teil II):
Stark sein, stark werden (1/2)

Macht euch stark gegen Mobbing: Trainiert eure Schlagfertigkeit.

Die meisten Streitereien beginnen nicht mit körperlicher Gewalt, sondern mit verbalen Angriffen. Bestimmt kennt ihr das: Jemand provoziert euch mit einem Spitznamen, einer Beleidigung oder mit einem blöden Spruch, über den ihr euch sehr ärgert. Doch anstatt cool zu reagieren, schweigt ihr oder ihr beleidigt zurück, weil euch in dem Moment keine richtige Antwort einfällt. Beides kann dazu führen, dass die Provokation weitergeht und die Situation eskaliert.
Mit selbstbewussten, schlagfertigen Antworten könnt ihr dem Angreifer den Wind aus den Segeln nehmen. Reagiert mit Überraschung, Wortwitz oder Verwirrung. Das kann man trainieren.

Tipps und Tricks zum schlagfertigen Antworten:

- **Stimme dem Angreifer zu!** Statt dich gegen den Vorwurf zu wehren, sagst du einfach „Stimmt" und löst den Angriff in einem Witz auf.
  Beispiel: „Bah, du hast ja die Krätze!" Antwort: „Stimmt! Schön, dass du's auch schon merkst."
- **Übertreibe maßlos!** Je absurder deine Antwort ist, desto schlagfertiger und lustiger wirkt sie.
  Beispiel: „Du stinkst!" Antwort: „Gute Nase, Mann! Ich habe ja auch seit zehn Tagen nicht mehr geduscht."
- **Lenke vom Thema ab oder stelle eine Gegenfrage!** Verwirre den Angreifer, sodass er denkt, er hätte gerade irgendwas nicht kapiert. Beispiel: „Ey, du Vollpfosten!" Antwort: „Pfosten? Um wie viel Uhr beginnt denn heute das Spiel gegen Bayern München?"

Außerdem:

- **Verzichte auf Schimpfwörter** und begib dich nicht auf das Niveau des Angreifers.
- **Bleib cool und lächle den Mobber an** – Ignoriere blöde Sprüche nicht, sondern gehe einen Schritt auf den Mobber zu und sage: „Na, wieder am Lästern!?"
- **Antworte mit Blickkontakt** und schaue dem Angreifer in die Augen.
- **Nimm eine aufrechte Haltung ein** und zeige dich nach außen hin selbstbewusst und stark.

(vgl. Pöhm, 2011)

Übung 1: „Sei cool und schlagfertig!"

Beschreibung:

- Sucht euch einen Partner und findet zu den folgenden Provokationen schlagfertige Antworten: „Pickelgesicht!", „Schlampe!", „Schwuchtel!", „Fettarsch!".
- Notiert euch die Anworten.
- Bildet mit der Klasse einen Stuhlkreis.
- Spielt zu der ersten Provokation reihum eure gefundene Lösung vor.
- Wertet die Antworten aus und fahrt mit den anderen Provokationen ebenso fort.

Auswertung:

1. Welche Antworten sind eurer Meinung nach besonders gut gelungen? Warum?
2. Berichtet, ob euch das Finden der Antwort und das Antworten schwergefallen sind.
3. Besprecht, ob ihr die Tipps in einer echten Mobbingsituation wirklich anwenden würdet/könntet.

ISBN 978-3-8346-2932-6 | www.verlagruhr.de

Anti-Mobbing-Training (Teil II):
Stark sein, stark werden (2/2)

Übung 2: „Rollenspiel“

Beschreibung:

- Bildet Kleingruppen von vier bis sechs Personen nach dem Zufallsprinzip (Abzählen, Namen ziehen).
- Findet mit der Gruppe eine Mobbingsituation, die ihr selbst einmal erlebt oder mitbekommen habt. Denkt euch eine Lösung für die Situation aus.
- Spielt die Situation im Rollenspiel nach. Ihr könnt folgende Rollen besetzen: Täter, Täterunterstützer, Opfer, Außenstehende.
- Verteilt die Rollen und gebt jeder Person einen erdachten Namen.
- Bestimmt in eurer Gruppe einen Erzähler, der dem Publikum eine kurze Einführung in die Personen und die Situation gibt (z. B.: „Das ist Simon. Er ist 13 Jahre alt und neu in der Klasse, weil er mit seinen Eltern umgezogen ist. Kai verlässt gerade die Turnhalle, als ...“).
- Spielt die Situation der Klasse vor.

Auswertung:

Schauspieler

1. Berichtet, wie ihr euch in euren Rollen gefühlt habt. Was habt ihr als „Angreifer“, „Opfer“ und „Außenstehende“ zu Anfang und zum Ende des Spiels empfunden?
2. Wie zufrieden seid ihr mit der Lösung des Konflikts? Würdet ihr auf die Lösung im Ernstfall zurückgreifen?

Publikum

3. Beschreibt, was ihr beobachtet habt. Welche Tipps zum schlagfertigen Antworten von der ersten Seite wurden bei der Lösung angewendet? Beschreibt, wie gut sie umgesetzt wurden.
4. Nehmt begründet Stellung, wie gut die Lösung bei euch ankam.

Übung 3: „Respektvoller Umgang“

Material: ein großes Plakat, Stifte

Beschreibung:

- Sammelt mit der Klasse aus euren eigenen Erfahrungen „typische“ Beschimpfungen, Beleidigungen und Provokationen und notiert sie auf der Tafel.
- Diskutiert, welche Wörter, Ausdrücke und Sprüche ihr toleriert und welche nicht.
- Zeichnet eine Tabelle mit den Überschriften „Das verletzt uns“ und „Das tolerieren wir“ auf ein Plakat. Ordnet die Beispiele den Überschriften zu.
- Hängt das Plakat für alle gut sichtbar im Klassenraum auf.

Auswertung/Weiterarbeit:

1. Sprecht über euer Vorgehen beim Zuordnungsprozess: Was war einfach/schwierig? Wie habt ihr euch geeinigt? Sind alle zufrieden?
2. Welche weiteren Möglichkeiten gibt es, den Umgangston in eurer Klasse zu verbessern?
3. Diskutiert, ob ein höflicher Umgangston zu einem guten Klassenklima beitragen kann.
4. Besprecht, wie ihr damit umgeht, wenn sich jemand nicht an eure Aufstellung hält, und überlegt euch Konsequenzen.

ISBN 978-3-8346-2932-6 | www.verlagruhr.de

Anti-Mobbing-Training (Teil III):
Wahrnehmen und fühlen (1/2)

Macht euch stark gegen Mobbing: Achtet aufeinander und versetzt euch in Gefühle hinein.

Übung 1: „Standbilder bauen“

Beschreibung:

» Bildet einen Stuhlkreis.
» Wählt zwei freiwillige Schüler; sie sind die „Baumeister“.
» Die Baumeister bekommen von ihrem Lehrer ein Gefühl genannt (siehe unten), ohne dass es die anderen Mitschüler mitbekommen.
» Sie erhalten die Aufgabe, zu dem Gefühl innerhalb von 5–10 Minuten gemeinsam ein Standbild zu bauen.
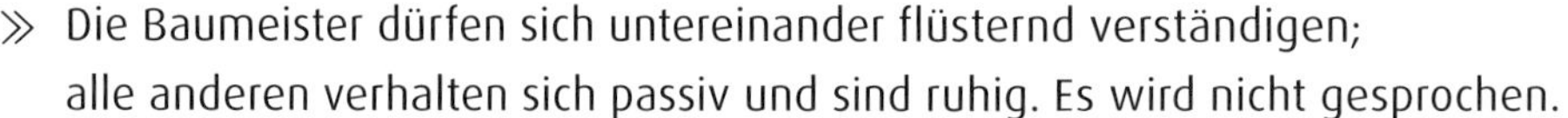
» Die Baumeister dürfen sich untereinander flüsternd verständigen; alle anderen verhalten sich passiv und sind ruhig. Es wird nicht gesprochen.
» Die Baumeister suchen sich nach und nach Mitschüler aus, die zu ihren Vorstellungen passen (Geschlecht, Größe, Aussehen). Sie geben ihnen ohne Worte vor, welche Position und Körperhaltung sie einnehmen sollen. Die Mimik (Gesichtsausdruck) kann von den Baumeistern vorgemacht und von den Mitspielern nachgemacht werden. Gegenstände aus dem Klassenzimmer dürfen verwendet werden.
» Wenn das Standbild fertig geformt ist, erstarren alle Spieler für 30–60 Sekunden.
» Die Baumeister zeigen auf die Person, die das zu erratende Gefühl darstellt.
» Besprecht im Anschluss das Standbild anhand der Auswertungsfragen.

<u>*Gefühle, die ihr darstellen könnt:*</u> mutig, ängstlich, wütend, aggressiv, unsicher, selbstsicher, bedrohend, nachdenklich, offen, fröhlich, ablehnend, angespannt, genervt ...

Auswertung:

1. Die Zuschauer raten, um welches Gefühl es sich handelt. Sie beschreiben und interpretieren das Standbild.
2. Die Mitspieler berichten über ihre Empfindungen während des Spiels.
3. Die Baumeister erklären ihr Standbild und ihre Absichten.
4. Weichen die Interpretationen voneinander ab? Woran liegt das möglicherweise?
5. Was sagt die Körpersprache (Körperhaltung, Mimik, Blickkontakt usw.) der einzelnen Spieler aus? Kann die Ausdrucksfähigkeit verbessert oder noch gesteigert werden? Verändert das Standbild.
6. Diskutiert, ob die Körpersprache Einfluss auf ein Mobbinggeschehen haben kann.

Tipp: *Haltet das Standbild fest, indem ihr es fotografiert. So können auch die Mitspieler ihr Bild betrachten und ihr könnt später damit ein Plakat erstellen.*

ISBN 978-3-8346-2932-6 | www.verlagruhr.de

Anti-Mobbing-Training (Teil III):
Wahrnehmen und fühlen (2/2)

Übung 2: „Geburtstagsfeier"

Beschreibung:

- Wählt drei Freiwillige, die den Raum verlassen, bevor das Spiel erklärt wird.
- Teilt die restlichen Personen in drei Kleingruppen.
- Jede Gruppe sucht sich ein Gesprächsthema, über das sich alle 5 Minuten lang unterhalten können. Aufgabe ist es, die Freiwilligen völlig zu ignorieren und über das festgelegte Thema zu sprechen. Die Gruppen dürfen sich auf kein Gespräch mit den freiwilligen Schülern einlassen, egal was diese sagen oder tun.
- Bestimmt einen Zeitwächter und vereinbart ein Zeichen für das Ende des Spiels.
- Die Freiwilligen bekommen gesagt, dass es ihre Aufgabe ist, fünf Personen aus der Klasse zu ihrer Geburtstagsfeier einzuladen.
- Holt den ersten Freiwilligen herein und beginnt mit den Gesprächen.
- Nach Ablauf der Zeit beendet ihr anhand des Zeichens das Spiel.
- Der Freiwillige setzt sich auf einen Stuhl und beobachtet stumm das weitere Geschehen.
- Fahrt mit diesem Ablauf so lange fort, bis alle Freiwilligen dran waren.

Auswertung:

Tauscht euch darüber aus, wie ihr euch in eurer jeweiligen Rolle („Opfer", Teilnehmer der Kleingruppe) gefühlt habt. Welche Beobachtungen konntet ihr machen?

Übung 3: „Ich-zen"

In dieser Übung geht es um das Formulieren von sogenannten „Ich-Botschaften". Und das geht so: Statt euren Ärger in einer „Du-Botschaft" auszudrücken, sprecht ihr von euren eigenen Gefühlen. So verletzt oder verallgemeinert ihr nicht und ihr drückt auch keine Bewertung oder Beschuldigung aus. Ihr legt offen, wie das Verhalten des anderen auf euch wirkt, und gebt eine Begründung.

Beispiele:

statt: „**Du** Arschloch!" *sage:* „**Ich** habe eine Stinkwut auf dich, weil ..."
statt: „**Du** hast wohl 'nen Knall!" *sage:* „**Ich** bin echt sauer und ich möchte ..."
statt: „**Du** ...!" *sage:* „**Ich** empfinde/bin/fühle mich ... (Gefühl nennen), weil/und möchte ... (Begründung, Anlass oder Erwartung nennen)."

Beschreibung:

- Spielt mit einem Partner folgende Situationen durch und übt dabei das Formulieren von Ich-Botschaften. Ihr könnt euch auch eigene Konfliktsituationen ausdenken.
  a) Sven sieht, wie du auf der Toilette heimlich rauchst, und verpetzt dich beim Lehrer.
  b) Dein/e beste/r Freund/in behandelt dich nach einem heftigen Streit wie Luft.
  c) Jana macht sich in der Pause über deine neue Frisur lustig.

Auswertung:

1. Berichtet, inwieweit euch das Formulieren schwer-/leichtgefallen ist.
2. Besprecht, welche Wirkung die Ich-Botschaften bei euch gezeigt haben.

ISBN 978-3-8346-2932-6 | www.verlagruhr.de

Gemeinsam aktiv werden:
Wir tun was gegen Mobbing!

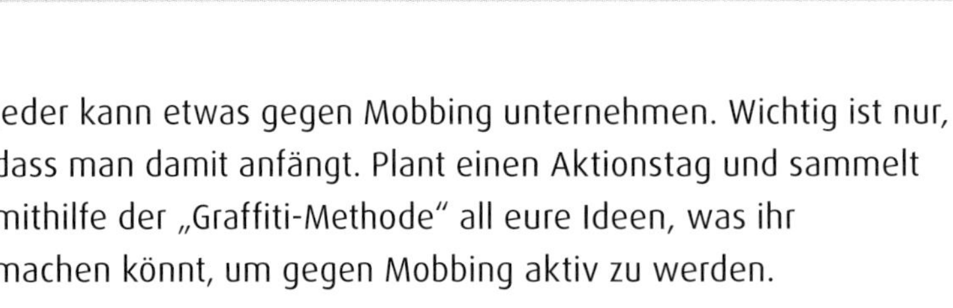

Jeder kann etwas gegen Mobbing unternehmen. Wichtig ist nur, dass man damit anfängt. Plant einen Aktionstag und sammelt mithilfe der „Graffiti-Methode" all eure Ideen, was ihr machen könnt, um gegen Mobbing aktiv zu werden.

METHODE

„Graffiti"

Material: pro Gruppe ein großes Plakat/Blatt Papier (DIN A3), Stifte, evtl. Tische

So funktioniert's – Schritt für Schritt:

- Bildet Kleingruppen von jeweils vier bis sechs Schülern.
- Teilt die unten stehenden Arbeitsaufträge unter den Gruppen auf. Jede Gruppe schreibt ihre Frage auf das leere Blatt Papier.
- Hängt die Blätter an verschiedenen Stellen im Klassenraum auf oder legt sie auf frei stehende Tische, die ihr im Raum verteilt.
- Schreibt in 5–10 Minuten all eure Ideen zur Frage auf.
- Nach Ablauf der Zeit geht jede Gruppe zum nächsten Plakat und schreibt dort wiederum ihre Einfälle auf.
- Nun wechselt ihr so oft zum nächsten Plakat, bis eure Gruppe wieder an ihrem Start-Plakat angekommen ist.
- Sichtet die darauf gesammelten Ideen und diskutiert sie.
- Ordnet die Ideen und fasst sie zusammen.
- Stellt euer Gruppenergebnis der Klasse vor.

Arbeitsaufträge

Gruppe 1: Was können wir im Hinblick auf unsere Klasse tun?

Gruppe 3: Was können wir außerhalb unserer Schule tun?

Gruppe 4: Welche Personen/Gäste können uns dabei unterstützen? (→ Wer kann euch wie helfen?)

Gruppe 2: Was können wir im Hinblick auf unsere Schule tun?

Gruppe 5: Wie könnte unser Aktionstag heißen?

AUFGABE

Plant anhand eurer Ergebnisse, die ihr mit der Graffiti-Methode gesammelt habt, einen oder mehrere Aktionstage für eure Schule: Was lässt sich wann und wie umsetzen?

ISBN 978-3-8346-2932-6 | www.verlagruhr.de

Aktionstag(e) planen

Plant einen oder sogar mehrere Aktionstage zum Thema Mobbing.
Hier findet ihr einige Anregungen und Ideen dazu:

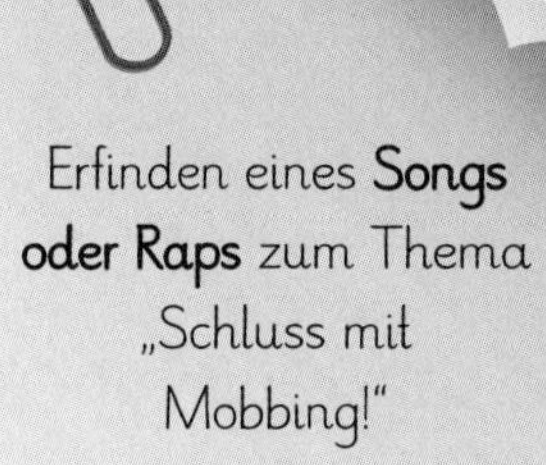

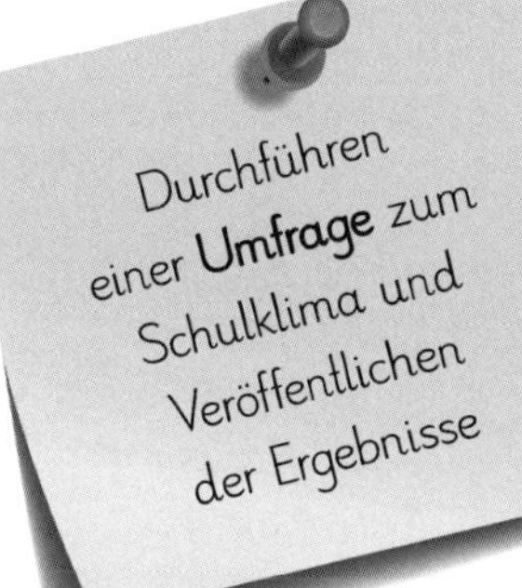

Entwerfen von **Anti-Mobbing-Postern und -Plakaten**
» Tipps für Opfer, Mitschüler, Lehrer, Eltern
» Mögliche Themen:
„Daran kannst du (Cyber-)Mobbing erkennen", „Stopp Mobbing – Das kannst du dagegen tun!", „Hilfe?! Hier findest du sie", „Happy Slapping – nein danke"

Aufzeichnen eines **Handy-Podcasts** zum Thema „(Cyber-)Mobbing", z. B. in Form eines Hörspiels, Interviews, Gedichts oder Fachbeitrags

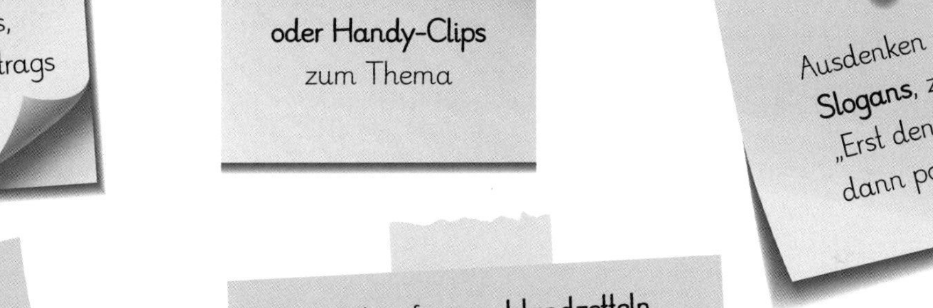

Ausdenken von **Slogans**, z. B.: „Erst denken, dann posten"

Zeichnen von **Comics**

Entwerfen von **Handzetteln oder Flyern** zum Thema
» macht allgemein auf das Thema aufmerksam
» nennt konkrete Verhaltensregeln, die dabei helfen, (Cyber-)Mobbing an eurer Schule zu verhindern
» nennt Ansprechpartner, Hilfsangebote und Beratungsadressen

Schreiben und Aufführen eines **Rollenspiels** oder einer **Talkshow** zum Thema

Erstellen einer **Fotostory**
» denkt euch eine kurze Geschichte zum Thema aus
» macht mit einem Handy 5–10 Fotos, die zur Geschichte passen
» gestaltet ein Plakat und fügt zu den Bildern Sprech-/Gedankenblasen und Erzähltexte hinzu

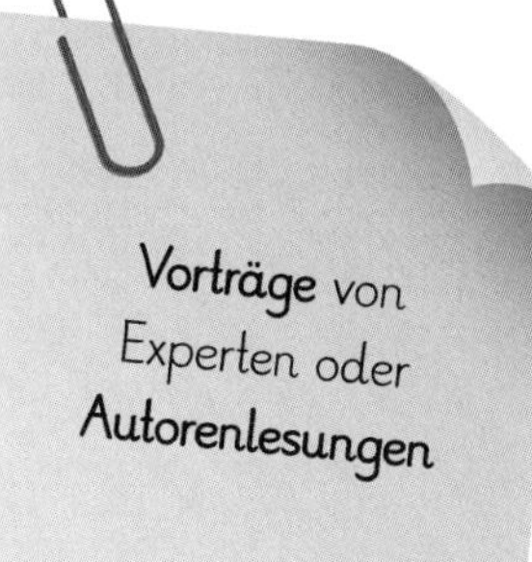

Tipp: *Plant auch, wo und wie ihr eure Ergebnisse präsentieren wollt: Aufführungen? Ausstellungen? Veröffentlichen oder Austeilen mit Schülerzeitung? Aufhängen am Schwarzen Brett?*

ISBN 978-3-8346-2932-6 | www.verlagruhr.de

Einen Handyclip drehen

Ein Problem lässt sich oft anschaulicher und eindrucksvoller in einem Film thematisieren als in einem trockenen Text.
Zeigt, wie kreativ ihr seid, und erstellt einen Handyclip zum Thema (Cyber-)Mobbing.

AUFGABEN

1. **Bildet Kleingruppen von fünf bis sechs Schülern.**
2. **Legt euch auf ein Thema für die Videostory fest, z. B. „Schluss mit Mobbing", „Cybermobbing" oder „Happy Slapping".**
3. **Überlegt, welche Rollen und Aufgaben erforderlich sind, und verteilt sie.**
4. **Macht euch einen Regieplan mit Skizzen und Notizen zu der Handlung: einzelne Szenen, Drehorte, Personen usw. Nutzt dazu die Vorlage „Storyboard" (► S. 103).**
5. **Filmt die Szenen mit dem Handy. Denkt daran, dass man für einen Clip etwa 3 Minuten aufnehmen kann.**
6. **Präsentiert eure selbst gemachten Videos in der Klasse.**
7. **Diskutiert darüber, welcher Clip besonders gut gelungen ist und begründet eure Entscheidungen.**

8. **Bearbeitet und schneidet eure Clips am PC. Dazu müsst ihr die Filme konvertieren, also in ein anderes Format umwandeln.**
   Hier wird euch Schritt für Schritt erklärt, wie ihr euren Handy-Clip am PC bearbeiten, versenden und veröffentlichen könnt: www.netzcheckers.de (→ Workshops → Handy-Clip-Tutorial).

9. **Besprecht, ob und wie ihr eure Clips in eurer Schule veröffentlichen wollt. Ihr könntet sie bspw. auf die Schulwebseite stellen oder einen Handyclip-Wettbewerb organisieren.**
   Denkt dabei an …
   → eine genaue Vorgabe des Themas
   → eine Jury
   → Bewertungskriterien
   → Preise

Tipp: *Euer Clip ist so gut gelungen, dass ihn auch andere sehen sollen? Dann reicht ihn ein, z. B. hier: www.mobileclipfestival.de*

Achtung!
» Beim Unterlegen der Clips mit Musik das „Urheberrecht" beachten!
» Beim Veröffentlichen der Clips das „Recht am eigenen Bild" beachten und die Zustimmung der einzelnen Personen einholen!

ISBN 978-3-8346-2932-6 | www.verlagruhr.de

Umfrage zum Schulklima

Wir möchten herausfinden, wie wohl sich die Schüler an unserer Schule fühlen und welche Mobbingerfahrungen sie gemacht haben. Bitte unterstütze uns dabei und beantworte die Fragen so ehrlich wie möglich.
Vielen Dank für deine Mitarbeit!

Ich bin ☐ weiblich ☐ männlich

Ich bin ☐ 10–12 Jahre alt
☐ 13–15 Jahre alt
☐ älter als 15 Jahre

Schule und Klasse	1 sehr gut	2	3	4	5 sehr schlecht
1. Wie wohl fühlst du dich in unserer Schule?					
2. Wie wohl fühlst du dich in deiner Klasse?					
3. Das Verhältnis zu meinen Mitschülern ist ...					
4. Das Verhältnis zu meinem Klassenlehrer ist ...					

Konflikte und Gewalt	1 sehr oft	2	3	4	5 nie
5. Sind in den letzten 2 Monaten an der Schule Lügen und Gerüchte über dich verbreitet worden?					
6. Bist du in den letzten 2 Monaten vor anderen ausgelacht worden?					
7. Bist du in den letzten 2 Monaten von Spielen oder anderen Aktionen ausgeschlossen worden?					
8. Bist du in den letzten 2 Monaten von Mitschülern beschimpft und beleidigt worden?					
9. Bist du in den letzten 2 Monaten bedroht worden?					
10. Bist du in den letzten 2 Monaten bestohlen worden?					
11. Bist du in den letzten 2 Monaten zu etwas gezwungen worden, das du nicht wolltest?					
12. Bist du in den letzten 2 Monaten geschlagen oder getreten worden?					
13. Wurde dir in den letzten 2 Monaten absichtlich etwas kaputt gemacht oder versteckt?					
14. Hast du in den letzten 2 Monaten beobachtet, dass andere Schüler körperliche Gewalt erfahren haben?					
15. Wie oft warst du in den letzten 2 Monaten einer Notsituation ausgesetzt?					
16. Hast du Angst davor, in die Schule zu gehen?					
17. Helfen dir Mitschüler in einer Konfliktsituation?					
18. Bekommen die Lehrer Konfliktsituationen mit?					
19. Reagieren Lehrer in einer Konfliktsituation?					

20. Das sind Orte, an denen es heftige Streitereien und/oder Gewalt gibt: ....

21. Das sollten wir an unserer Schule verbessern: ....

22. Mit diesen Personen würde ich bei Schwierigkeiten in der Schule sprechen: ....

Schreibe auf die Rückseite, was du noch zum Thema sagen möchtest.

ISBN 978-3-8346-2932-6 | www.verlagruhr.de

Anti-Mobbing-Schilder

Macht für andere sichtbar, dass ihr Mobbing in eurer Klasse und an eurer Schule nicht duldet, indem ihr mit Schildern darauf aufmerksam macht.

AUFGABEN

1. **Sammelt mit der Klasse Ideen, wie ein Anti-Mobbing-Schild aussehen kann. Denkt dabei an mögliche Symbole, Warnzeichen, Signalwörter oder Slogans.**
2. **Gestaltet in Einzel- oder Partnerarbeit ein Schild für eure Klasse.**
3. **Hängt die Schilder gut sichtbar in eurer Klasse und/oder eurer Schule auf.**

Tipp 1

Lasst euer Schild von allen Schülern aus der Klasse unterschreiben. So könnt ihr noch mehr Aufmerksamkeit bekommen.

Tipp 2

Ihr könnt auch einen Wettbewerb daraus machen. Wählt dazu die besten Entwürfe und lasst sie auf eurer Homepage oder in eurer Schülerzeitung veröffentlichen.

ISBN 978-3-8346-2932-6 | www.verlagruhr.de

Mein Traum von der perfekten Schule

Stelle dir vor, du dürftest deine eigene „Super-Schule" entwerfen.
Wie sollte sie aussehen? Was und wie würdest du dort gern lernen?

AUFGABEN

1. **Mache dir anhand der Ideen in den Wolken Notizen zu deiner „Super-Schule".**
2. **Setze deine perfekte Schule gestalterisch oder schriftlich um:**
   → Denke dir eine Geschichte aus.
   → Schreibe ein Gedicht.
   → Zeichne ein Bild.
   → Fertige eine Collage an.
   → Schreibe einen Wunschzettel.
3. **Stelle deine „Super-Schule" der Klasse vor.**
4. **Vergleicht eure Traum-Szenarien miteinander: In welchen Punkten ähneln sich eure Träume, wo sind sie sehr verschieden?**
5. **Vergleicht eure Träume mit der Wirklichkeit: Wo bestehen die größten, wo die kleinsten Unterschiede? Wie sieht die Wirklichkeit im Vergleich zu euren Träumen aus?**
6. **Wie könnte aus der Vision ein Stück Realität werden? Überlegt, was sich ansatzweise verwirklichen ließe. Welche Schritte sind dazu notwendig? Wo seht ihr bei der Umsetzung Schwierigkeiten?**

ISBN 978-3-8346-2932-6 | www.verlagruhr.de

So geht's mir gut

Was macht euch glücklich? In welchen Situationen fühlt ihr euch besonders wohl?
Sammelt alles, was euch dazu einfällt, und erstellt ein persönliches „So geht's mir gut!"-Plakat.

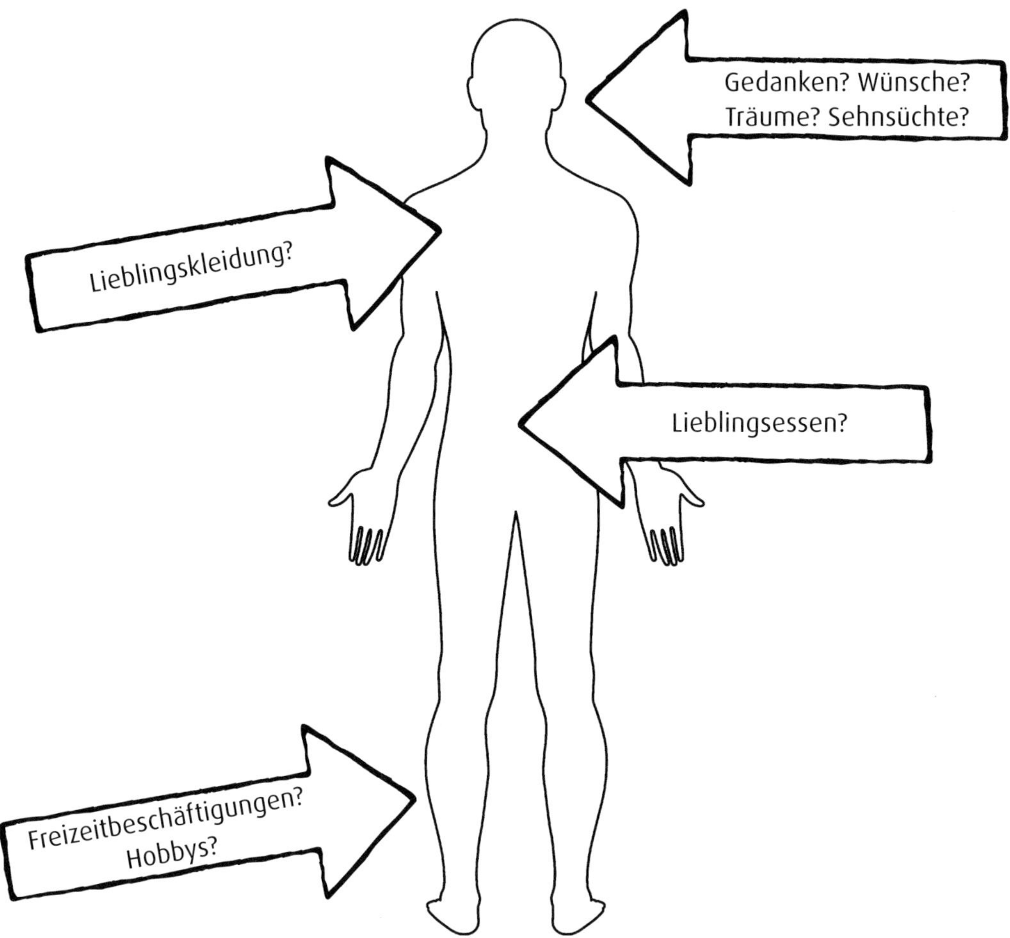

AUFGABEN

1. **Gestalte ein ganz individuelles Plakat, indem du den Körperumriss auf Tapetenrolle abzeichnest.**
   → Sucht in Zeitungen, Zeitschriften oder im Internet nach passenden Bildern und Wörtern und schneidet bzw. druckt sie aus.
   → Klebt sie auf den dazu passenden Körperteil.
   → Ihr könnt in den Umriss auch Sätze schreiben oder Zeichnungen hinzufügen.
2. **Schreibe deinen Namen unter den Körperumriss.**
3. **Hängt die fertigen Plakate in der Klasse auf oder legt sie so auf den Boden, dass sie alle sehen können.**
4. **Stellt euer Plakat der Klasse vor oder lasst eure Mitschüler Fragen zu eurem Plakat stellen.**
5. **Tauscht euch darüber aus, ob ihr alles habt, um euch wohlzufühlen. Was kann jede/jeder für sich tun, damit es ihr/ihm gut geht?**
6. **Überlegt, was ihr gemeinsam tun könnt, damit es euch als Klasse gut geht (gemeinsame Aktion? Ausflug? Feier?). Plant, wie und wann dies zu realisieren ist.**

ISBN 978-3-8346-2932-6 | www.verlagruhr.de

Kapitel 6:

Was tun im Akutfall?

In diesem Kapitel finden Sie die wichtigsten **Ratschläge und Tipps**, wie Sie sich bei einem akuten Mobbingverdacht verhalten und welche Maßnahmen Sie ergreifen können. Dabei werden verschiedene Handlungsmöglichkeiten aufgezeigt, wie mit dem Mobbingfall umgegangen werden kann. Für welches Modell Sie sich entscheiden, ist je nach Fall abzuwägen und bleibt Ihnen überlassen. **Wichtig** ist zuerst einmal, **dass Sie überhaupt handeln** und eingreifen.

Einen Mobbingverdacht klären

Vielleicht haben Sie selbst auffällige Situationen oder Übergriffe beobachtet, die Sie vermuten lassen, dass ein Mobbingfall besteht. Dann **tauschen Sie sich** über den Verdachtsfall **mit Ihren Kollegen aus**: Stimmt der eigene Eindruck, dass der Schüler gemobbt wird? Inwieweit stimmt die eigene Wahrnehmung mit der der Kollegen überein? Sind die Übergriffe Einzelhandlungen oder haben sie System?
Vielleicht haben Sie selbst auch nichts bemerkt, und werden stattdessen von Schülern, Kollegen oder Eltern auf einen Mobbingverdacht angesprochen. Nehmen Sie die Hinweise ernst und versuchen Sie, in einem Einzelgespräch mit dem potenziellen Opfer herauszufinden, ob es sich tatsächlich um Mobbing handelt.

Seien Sie bei der **Kontaktaufnahme mit dem Opfer** einfühlsam, insbesondere wenn sich der Schüler nicht selbst bei Ihnen gemeldet und um Hilfe gebeten hat, sondern die Hinweise von anderen kommen. Hilfreich ist es, wenn Sie zu Beginn einen „Türöffner" verwenden und in das Gespräch mit einer allgemeinen Frage einsteigen (z. B. zu Aktuellem aus Schule, Sport, Wetter). Dies erleichtert es dem Opfer, sich auf ein Gespräch über seine Situation einzulassen. Erläutern Sie dem Schüler kurz den weiteren Ablauf und informieren Sie ihn darüber, dass das Gespräch vertraulich ist und der Schweigepflicht unterliegt. Bitten Sie den Schüler darum, Ihnen zu erlauben, sich Notizen und ein Protokoll machen zu dürfen. So können Sie alle Informationen dokumentieren und sich nach dem Gespräch in Ruhe überlegen, welche weiteren Schritte zu unternehmen sind.

Versuchen Sie, in dem **Erstgespräch mit dem Opfer** herauszubekommen, wie sehr der Schüler unter dem Problem leidet. Nehmen Sie sich für dieses Gespräch ausreichend Zeit. Finden Sie möglichst viele Informationen zur Sachlage heraus und klären Sie, ob es sich um Mobbing mit einem Kräfteungleichgewicht oder einen Konflikt mit Kräftegleichgewicht handelt. Die Vorlage „Gesprächsprotokoll für das Erstgespräch mit dem Opfer" (► siehe Anhang, S. 107) kann Ihnen dabei helfen.
Der Begriff „Mobbing" fällt oftmals sehr schnell; doch nicht immer handelt es sich dabei tatsächlich um Mobbing. Zur Klärung des Verdachts geben die Leitfragen des Protokolls eine erste Orientierung. Gleichen Sie die Ergebnisse des Gesprächsprotokolls noch einmal mit der Mobbingdefinition (► S. 9 f.) ab, um sicher davon ausgehen zu können, dass es sich um Mobbing handelt. Bestätigt sich der Verdacht, sollten dann auch **Einzelgespräche mit den Tätern** erfolgen. Zum Vorgehen hierbei gibt es verschiedene Konzepte, die auf den folgenden Seiten vorgestellt werden.

Stellen Sie sich darauf ein, dass es sowohl auf Opfer- als auch auf Täterseite bei den Gesprächen zu **Widerständen** kommen kann. Die **Opfer** streiten aus Angst oftmals die Übergriffe ab oder bagatellisieren sie. Schaffen Sie Vertrauen: Vermitteln Sie ehrliches Interesse und versichern Sie ihnen, gegen das Mobbing vorzugehen und sie vor den Tätern zu schützen. Die **Täter** verleugnen oder verharmlosen ihre Taten häufig („Das stimmt nicht."/„Das war doch nur Spaß.") oder beschuldigen das Opfer („Der/die hat mich beleidigt."). Lassen Sie solche Rechtfertigungsversuche nicht zu, sondern fokussieren Sie die Aufmerksamkeit auf die Lösung des Problems.

WEITERFÜHRUNG

Kooperation mit Kollegen und Schulleitung

Liegt ein begündeter Mobbingverdacht vor, sollten Sie Ihre Kollegen und die Schulleitung davon in Kenntnis setzen, sich mit ihnen austauschen und das weitere Vorgehen mit ihnen planen. Denn natürlich müssen (und können) Sie den Konflikt nicht allein lösen. Folgende Schritte bieten sich für die Kooperation mit Kollegen und Schulleitung an:

Kooperationsstrukturen auf intervenierender Ebene

- **Führen Sie Gespräche mit allen am Mobbingfall Beteiligten** (Fach-, Vertrauens-, Beratungslehrer, Sozialpädagogen usw.).
- **Dokumentieren** Sie alle Gespräche, Vorfälle und Übergriffe genau. Hierzu können Sie die Protokollvorlagen (► siehe Anhang, S. 107 f.) nutzen. Die Protokolle dienen nicht nur der Klärung der Vorfälle, sie helfen auch dabei, Widersprüche aufzudecken, und können eine Grundlage für weitere Gespräche sein (bspw. mit den Eltern der Täter).
- **Demonstrieren Sie** den Tätern **gemeinsame Handlungsfähigkeit**, indem Sie mit allen in der Klasse unterrichtenden Kollegen die Vereinbarung treffen, bei jedem Übergriff einzugreifen.
- **Sprechen Sie** mit Ihren Kollegen **erste Maßnahmen ab**, wie bspw. eine Veränderung der Sitzordnung oder Konsequenzen bei erneuten Schikanen.
- **Achten Sie auf Transparenz und vernetzen Sie sich.** Sorgen Sie dafür, dass alle am Mobbingfall beteiligten Personen jedwede Informationen über Vorfälle unmittelbar an den Klassenlehrer weitergeben. Am einfachsten gelingt das in Form einer **Kurzmitteilung**, die dem Klassenlehrer ins Fach gelegt werden kann (siehe unten stehende Vorlage).
- **Involvieren Sie die Schulleitung**, indem der Klassenlehrer die Schulleitung über den Mobbingfall informiert und mit ihr das weitere Vorgehen abspricht und plant (Gespräche, Informationen an Erziehungsberechtigte, Maßnahmen, Sanktionen etc.).

Kurzmitteilung über einen (Mobbing-)Vorfall

an .... von ....

(Name Klassenlehrer/in) *(Name der berichtenden Person)*

Klasse/Lerngruppe: .... Datum: ....

Ort:

☐ Klassenraum ☐ Fachraum ☐ Sporthalle ☐ Schulhof

☐ Mensa ☐ sonstiger Ort: ....

Liebe Kollegin/lieber Kollege, ich möchte Sie/dich über folgenden Vorfall informieren:

....

....

....

Konkrete Handlungsschritte gegen Mobbing

Trainer-Konzept

Das Trainer-Konzept (vgl. Kurzvorstellung auf S. 21) **beteiligt einige Schüler der Klasse/Lerngruppe** an der Intervention und sieht folgenden Ablauf vor:

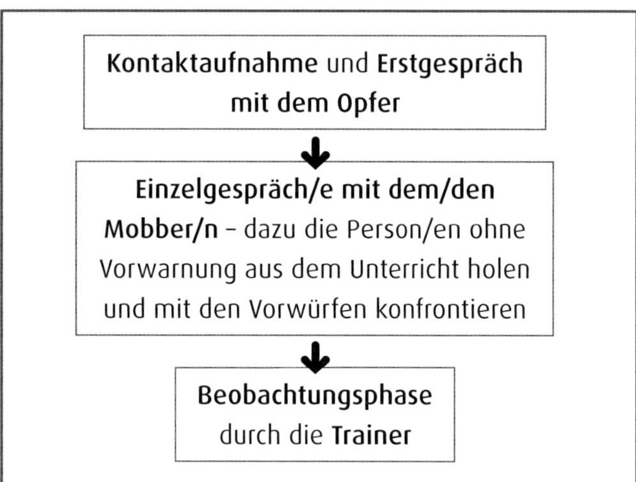

Ablauf „Trainer-Konzept"

Schritt 1

Im **Erstgespräch** befragt die Lehrkraft den **gemobbten Schüler** und klärt den Mobbingverdacht. Sie erklärt ihm das Trainer-Konzept und bittet ihn um seine Zustimmung. Der Schüler **wählt** zwei Mitschüler seines Vertrauens als **„Trainer"**. Sie sollen ihm Hilfe und Unterstützung leisten und bei weiteren Vorfällen unmittelbar (verbal) eingreifen und ihn schützen.

Schritt 2

Der **Mobber** wird im **Einzelgespräch** zu der Situation befragt und über das Konzept informiert. Auch er **benennt** zwei Mitschüler als **„Trainer"**. Ihre Aufgabe ist es, dem Täter eine Rückmeldung zu geben, wenn sie Mobbingverhalten bei ihm beobachten. Gibt es mehrere Mobber in der Klasse, werden weitere Einzelgespräche mit demselben Ablauf geführt.
Der gemobbte Schüler muss mit der Wahl der **Trainer** einverstanden sein und wird dazu in Abwesenheit des Täters befragt. Findet er die gewählten Personen nicht gut, weil sie z. B. Mitläufer oder enge Freunde des Mobbers sind, so müssen neue Trainer gefunden werden.

Schritt 3

Alle benannten Personen werden aus dem Unterricht zu einem **gemeinsamen Gespräch** geholt. Sie werden über die Situation und ihre Aufgaben als Trainer informiert. Zuletzt wird ihr Einverständnis zur Mitarbeit eingeholt. Sollten sie dies nicht geben, was selten der Fall ist, muss nach einem Ersatz für sie gesucht werden.
Alle Trainer erhalten einen **Beobachtungsbogen** (► siehe S. 93), in dem sie alle beobachteten Vorfälle innerhalb einer Woche dokumentieren. Die Übergriffe können, müssen aber nicht genau benannt werden. Wichtig ist, dass die **Eintragungen zählbar** sind, z. B. durch Striche. Nach der ersten Woche erfolgt eine Kontrolle der Beobachtungen. Wenn (nahezu) keine weiteren Vorfälle stattgefunden haben, wird die Maßnahme um eine Woche verlängert und erneut ausgewertet. Ist es zu weiteren Übergriffen gekommen, so müssen weitere Maßnahmen – wie bspw. Information an die Eltern und/oder Sanktionen – folgen.

Was gilt es, bei dieser Methode zu beachten?

- Die Helfer müssen freiwillig sein. Sie sollten einen guten Stand in der Klasse haben und müssen neutral gegenüber dem Opfer/Täter sein.
- Die Trainer-Methode ist eingebunden in das von Jannan entwickelte „Gegen-Gewalt-Konzept". Hierbei wird die gesamte Klasse in die Anti-Mobbing-Arbeit mit einbezogen. Es schließen sich zwei weitere Schritte an („Beratungs-" und „Abschlussstunde"), bei der alle Schüler der Klasse über die Mobbingsituation informiert werden, über sie beraten, die Wahl der Trainer gemeinsam beschließen und sich an der Intervention beteiligen.
- **Vorteil/e:** zeitökonomische Methode, geringer Aufwand
- **Nachteil/e:** Die Methode kann nicht angewendet werden, wenn die ganze Klasse in den Mobbingfall involviert ist und gemeinsam mobbt.

Weitere Informationen zum Trainer-Konzept: Jannan 2010, S. 111ff.

Beobachtungsbogen

Trainer: .... beobachtet wird: ....

Zeitraum: Montag, den .... bis Freitag, den ....

Trage für jeden Angriff, den du beobachtest, in der entsprechenden Zeile einen Strich ein.
Unter „Sonstiges" kannst du die Vorfälle kommentieren oder weitere Beobachtungen ergänzen.

Beobachtung	Montag	Dienstag	Mittwoch	Donnerstag	Freitag
Verbale Angriffe (z. B. Beleidigungen)					
Körperliche Angriffe (z. B. anrempeln)					
Sonstiges					

(vgl. Jannan 2010, S. 179)

No-Blame-Approach

Der No-Blame-Approach (vgl. Kurzvorstellung auf S. 21 f.) vermeidet Schuldzuweisungen und eine Bestrafung des Täters/der Täter. Er **bezieht die ganze Klasse/Lerngruppe bei der Intervention mit ein** und sieht folgenden Ablauf vor:

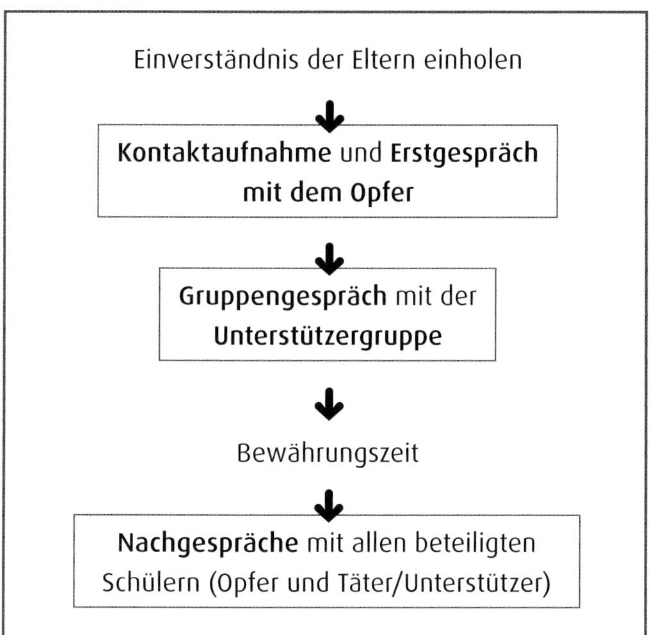

Ablauf „No-Blame-Approach"

Schritt 1

Die Lehrkraft informiert die Eltern des Opfers und holt sich ihr **Einverständnis** für die folgenden Schritte. Die Eltern werden gebeten, während der Intervention der Schule keine eigenen Maßnahmen zu ergreifen.
Im **Erstgespräch** mit dem Betroffenen wird nicht nach den inhaltlichen Einzelheiten zu den Übergriffen gefragt, sondern er wird gebeten, seine Gefühle zu beschreiben. Intention dabei ist, den **Schüler** zu **entlasten**: Es soll ihm vermittelt werden, dass seine Reaktionen verständlich sind, er bei der Intervention mit seinen Peinigern nicht direkt konfrontiert wird und er zuversichtlich sein kann, dass das Problem gelöst werden wird. Die Lehrkraft erklärt ihm das Konzept und der Schüler wird um seine Mitarbeit gebeten, indem er zum einen die Namen der Mobber und Mitläufer nennt und zum anderen Mitschüler benennt, die ihm bei der Lösung des Problems helfen. Wenn der Schüler (noch) nicht von der Intervention überzeugt ist, sollte man ihm **Entscheidungsfreiraum geben** und aufzeigen, dass die Situation eigentlich nicht mehr schlimmer werden kann. Er muss überzeugt werden, dass die Intervention ihm in seiner Situation hilft, und dazu bereit sein, sie auszuprobieren.

Schritt 2

Es wird eine **Unterstützergruppe** gebildet, die aus sechs bis acht Personen besteht: dem/den Täter/n, den Mitläufern und den Schülern, die das Mobbingopfer angegeben hat.
Es können auch noch weitere Schüler aus der Klasse hinzugenommen werden, die sozial engagiert sind und/oder eine starke Stellung bzw. hohe Anerkennung und Einfluss in der Klasse haben. Idealerweise setzt sich die Gruppe je zur Hälfte aus am Mobbing beteiligten und am Mobbing nicht beteiligten Schülern zusammen.
Die Gruppe wird – ohne das Opfer! – zu einem Gespräch eingeladen. Die **Einladung zum Gespräch** erfolgt **entweder mündlich**, indem jeder einzeln angesprochen wird, **oder schriftlich**. Bei schwierigen Fällen ist auch die Kenntnisnahme der Eltern hilfreich. Der konkrete Anlass zu dem Gespräch wird nicht genannt, sondern allgemein als „Verbesserung der Klassensituation" formuliert. Im **Gruppengespräch** schildert die Lehrkraft den Teilnehmern, wie sich der schikanierte Schüler fühlt, ohne dabei auf konkrete Vorfälle einzugehen oder Schuldzuweisungen vorzunehmen.
Die Unterstützer werden nun um Vorschläge gebeten, wie das Problem gelöst werden kann. Diese Phase der **Ideenfindung** ist von großer Bedeutung und benötigt Zeit. Meist gelingt es den Schülern selbst, gute Ideen zu entwickeln. Sollte dies nicht der Fall sein, machen Sie konkrete Vorschläge, die von den Schülern ergänzt und erweitert werden können. Gemeinsam werden **Vereinbarungen** getroffen, was jeder Einzelne dazu beitragen kann, damit sich der Schüler wieder besser fühlt. Diese können schriftlich festgehalten werden. Indem die Gruppe maßgeblich dafür verantwortlich ist, dass es dem Opfer wieder gut geht, **wird den Mobbern und Mitläufern ein Rollenwechsel ermöglicht**: weg von den Verursachern des Problems hin zu Problemlösern. Abschließend werden eine **Bewährungszeit** von 8–14 Tagen und ein Termin für ein Nachgespräch vereinbart.

Schritt 3

Die **Nachgespräche** finden zunächst mit dem gemobbten Schüler, danach mit den Mitgliedern der Unterstützergruppe statt – und zwar **einzeln**. Die Lehrkraft erkundigt sich danach, ob und inwiefern sich etwas geändert hat. Meist tritt nach dem Gruppengespräch aus Schritt 2 bereits eine deutliche Verbesserung ein. Für positive Veränderungen sollte den Unterstützern unbedingt **Anerkennung und Lob** ausgesprochen werden.

Die Nachgespräche werden so lange wiederholt, bis das **Mobbing dauerhaft gestoppt** worden ist. Während der gesamten Intervention sollten Sie **Kontakt zum Mobbingopfer** halten, um die Entwicklung der Situation einschätzen zu können. Sollte keine Verbesserung eintreten oder sich das Mobbing verlagern, können weitere Schritte notwendig sein. Manchmal reicht es aus, die Unterstützergruppe neu zusammenzusetzen und die Bewährungszeit bis zu den Nachgesprächen zu verkürzen, um die Kontrolle zu verschärfen. In anderen Fällen kann das Mobbing so schwerwiegend sein, dass der Ansatz des No-Blame-Approach nicht ausreicht, um das Problem zu lösen. Dann kann es erforderlich werden, andere Maßnahmen zu ergreifen (Eltern informieren und/oder Sanktionen aussprechen).

Was gilt es, bei dieser Methode zu beachten?

- Bei jedem Fall gilt es, genau zu überlegen und sich ggf. mit Kollegen zu beraten, ob das Mobbing tatsächlich ohne Sanktionen beendet werden kann. So darf bei gravierendem Mobbing und Verletzungen der Schulordnung, wie bspw. bei Körperverletzung, Erpressung, sexuellen Übergriffen oder gezielten Verleumdungen, nicht auf Sanktionen verzichtet werden, sondern dies muss Konsequenzen für den/die Täter haben. Geschieht dies nicht, besteht die Gefahr, dass Mobbing verharmlost wird, sich an der Schule etabliert und sich zunehmend eine Spirale der Gewalt entwickelt.
- Für die Gespräche sind sowohl moderative als auch empathische Fähigkeiten der Lehrkraft wichtig.
- **Vorteil/e:** innovativer, einfacher und nachhaltiger Ansatz; die Schüler bekommen die Möglichkeit, das Problem selbst zu lösen; Instrument zum Aufbau sozialer Kompetenzen
- **Nachteil/e:** die Gespräche erfordern einen hohen Organisations- und Zeitaufwand

Weitere Informationen zum No-Blame-Approach:
www.no-blame-approach.de

Farsta-Methode

Im Gegensatz zum No-Blame-Approach wird bei der Farsta-Methode (vgl. Kurzvorstellung auf S. 22f.) der Täter mit seiner Tat direkt und offensiv konfrontiert. Es geht bei dieser Interventionsform darum, sowohl der Klasse/Lerngruppe als auch dem Mobber aufzuzeigen, dass die Schule Mobbing nicht hinnimmt und schulische Regeln und Grenzen eingehalten werden müssen. Die Intervention und Problemlösung erfolgt **ohne Einbeziehung der Klasse/Lerngruppe** und sieht folgenden Ablauf vor:

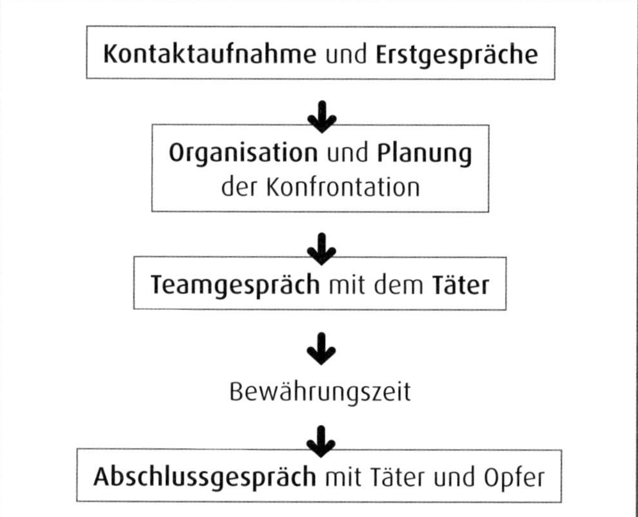

Ablauf „Farsta-Methode"

Schritt 1

Sobald sich der Betroffene selbst oder auch besorgte Mitschüler/Kollegen an eine Lehrkraft wenden und einen Mobbingverdacht äußern, sollte auf größte Einhaltung von **Anonymität** geachtet werden: Das **Erstgespräch** mit dem Opfer oder Informanten sollte so organisiert werden, dass niemand davon erfährt. Es wird vereinbart, dass alle Inhalte vertraulich behandelt werden, damit keine Informationen an den/die Mobber gelangen. Im Gespräch geht es darum, **alle Mobbinghandlungen möglichst detailliert und genau** zu **recherchieren**: Was ist wann, wie und wo vorgefallen? Wer sind die Täter/Mitläufer? Die Lehrkraft fertigt zu dem Gespräch ein **Protokoll** an, in dem alle wichtigen Fakten eingetragen und somit schriftlich festgehalten werden. Wurde das Gespräch durch einen Mitschüler initiiert, ist zur genauen Recherche und eindeutigen Klärung des Mobbingverdachts ein weiteres Gespräch mit dem Mobbingopfer notwendig. Hierbei geht es um die Bestätigung der Fakten und die **eindeutige Feststellung von Mobbing**. Da das Mobbing nicht *unmittelbar* gestoppt werden kann, kann der betroffene Schüler gebeten werden, jeden weiteren Vorfall aufzuschreiben (bspw. anhand eines „Mobbingtagebuchs", ► siehe Anhang, S. 104). Wichtig ist, ihm Zuversicht und Sicherheit zu vermitteln, dass sich seine Situation verbessern und das Mobbing beendet werden wird.

Schritt 2

Das anstehende konfrontative Interventionsgespräch mit dem/den Täter/n der Mobbinghandlungen muss gut geplant werden. Dazu gehört:

- das **Organisieren von Hilfe und Unterstützung** durch ein bis zwei Kollegen (zum Protokollieren des Gesprächs und zur Verdeutlichung der Ernsthaftigkeit)
- das **Freihalten von Zeit und Raum**, damit das Gespräch ungestört ablaufen kann
- das **Informieren von Kollegen**, dass der/die mobbende/n Schüler der Reihe nach überraschend aus dem laufenden Unterricht geholt werden. Auch hierbei soll das öffentliche Vorgehen die Ernsthaftigkeit verdeutlichen, gegen das Mobbing anzugehen.

Schritt 3

Bei dem nun anstehenden Gespräch mit dem/den Täter/n orientiert sich die Lehrkraft an einem **Gesprächsleitfaden für Tätergespräche in der Farsta-Methode** (► siehe übernächste Seite) und protokolliert die Inhalte genau. Im ersten Schritt konfrontiert die Lehrkraft, die das Gespräch hauptverantwortlich führt, den mobbenden Schüler mit ihrem Wissen. Sie sagt ihm, dass sie weiß, dass er mobbt, und zählt die Vorfälle auf, ohne dabei zu moralisieren, ein Geständnis einzufordern oder nach den Gründen für das Mobbingverhalten zu fragen. Dem Schüler wird verdeutlicht, dass sein Verhalten nicht geduldet wird und unmittelbar aufhören muss. Hierbei ist es wichtig, ihm bewusst zu machen, dass es in erster Linie **nicht um Bestrafung, sondern um** die **Änderung seines Verhaltens** geht. Im weiteren Verlauf soll dies mit dem Schüler zusammen erarbeitet werden: Was kann er konkret dafür tun, um die Situation des Gemobbten zu ändern und seine Situation zu verbessern?

Ziel ist es, den Täter zur Kooperation zu bewegen. Er soll nicht nur das Mobben beenden, sondern dem Opfer auch dabei helfen, seine Situation zu verbessern und die soziale Reintegration in seine Klasse unterstützen. Die Zusagen kann der Schüler in einer **Selbstverpflichtung** unterzeichnen. Für die Einhaltung seiner Versprechen wird dem Täter eine von Fall zu Fall individuell zu bestimmende **Bewährungszeit** eingeräumt.

Schritt 4

Nach Ablauf der Bewährungszeit wird ein **Abschlussgespräch** zusammen mit dem betroffenen Schüler und dem Täter geführt. Der Mobber bekommt die Möglichkeit, sich bei seinem Opfer angemessen zu entschuldigungen und eine Form der **Wiedergutmachung** zu leisten (bspw. durch das Bezahlen zerstörter Gegenstände, eine schriftliche Entschuldigung). Damit eine langfristige Einhaltung der Vereinbarungen auch gewährleistet ist, sollten in regelmäßigen Abständen noch weitere (Kontroll-)Gespräche mit dem Opfer und dem Täter folgen. **Stellt sich heraus, dass** sich der Täter nicht an die Vereinbarungen hält und **das Mobbing weitergeht**, so sollten dann in Abstimmung mit der Schulleitung unverzüglich **schulische Sanktionen** erfolgen – so lange, bis das Mobbing aufhört.

Was gilt es, bei dieser Methode zu beachten?

- eine achtsame und wertschätzende Haltung gegenüber den Betroffenen wahren
- nicht drohen; für die Intervention sind Gesprächsführungstechniken wichtig
- Erfahrung haben im Umgang mit Widerstand; sich darauf einstellen, dass die Täter zu Rechtfertigungsstrategien greifen und ihnen Schuldgefühle oftmals fremd sind
- Weder das Opfer noch der/die Täter dürfen nach der Anwendung von Farsta einen Gesichtsverlust erleiden und müssen gut in die Klassen integriert werden; sollte sich im Konfrontationsgespräch herausstellen, dass der Mobbingverdacht unbegründet ist und man sich geirrt hat, sollte dies der Klasse mitgeteilt werden!
- **Vorteil/e:** geringer zeitlicher und organisatorischer Aufwand; Teamarbeit – gegenseitiges Unterstützen und Lernen; Tätern wird geholfen: Die Intervention hört nicht schon beim Ende des Drangsalierens auf, sondern erst, wenn die Mobber gelernt haben, mit ihrem Opfer zusammenzuarbeiten. Dazu müssen sie lernen, ihre Verhaltensweisen zu reflektieren und zu verändern/soziale Kompetenzen erwerben.
- **Nachteil/e:** die Methode darf nur angewendet werden, wenn tatsächlich eine Mobbingsituation vorliegt. Eine sorgsame Vorbereitung (genaue Recherche der Umstände!) und Organisation sind daher zwingend erforderlich; Opferschutz in der „Bewährungszeit" schwach; weder der Betroffene noch die Klasse/Lerngruppe werden einbezogen und an der Lösung beteiligt; Mobbingsituation wird nur durch Erwachsene behandelt

Weitere Informationen zur Farsta-Methode: Taglieber, Walter (2005): „Berlin-Brandenburger Anti-Mobbing-Fibel. Was tun wenn", Landesinstitut für Schule und Medien Berlin-Brandenburg (LISUM) – zum kostenlosen Download unter http://bildungsserver.berlin-brandenburg.de/mobbing.html.

Zusammenfassend lässt sich festhalten: Es gibt ganz unterschiedliche Konzepte und Handlungsmöglichkeiten zur Intervention bei Mobbing. Für welchen Ansatz man sich entscheidet, ist abhängig von ...

- dem jeweiligen Mobbingfall,
- der Umsetzbarkeit an der eigenen Schule und nicht zuletzt
- der persönlichen Präferenz (denn das Vorgehen gegen Mobbing verlangt von dem durchführenden Pädagogen viel Authentizität und Empathie).

Entscheidend ist, dass bei Mobbing schnell eingegriffen wird. Die Schritte und Methoden sind nicht immer nach demselben Schema anwendbar oder gleich wirksam. Vielmehr müssen sie je nach Fall angepasst werden.

- Eine hilfreiche **Zusammenstellung der möglichen Schritte bei einem konkreten Mobbingfall** finden Sie im Anhang auf S. 105 f. Dort werden die bisher beschriebenen Maßnahmen auf zwei Seiten übersichtlichen zusammengefasst.

Gesprächsleitfaden für ein Tätergespräch in der Farsta-Methode

1 – Begrüßung

Name d. Befragten: .... Klasse: .... Datum: ....

Vielen Dank dafür, dass du gekommen bist. Ich weiß, du hättest sonst gerade (Schulfach).
Aber es gibt ein Problem, bei dem du uns helfen musst.

2 – Einstieg

Es gibt ein paar Leute an der Schule, die gemeinsam (Name des Opfers) fertig machen.

Was weißt du darüber? ....

Was trägst du dazu bei? ....

→ *warten und sich nicht für dumm verkaufen lassen; kleine Unsicherheiten nutzen und bohren; zielstrebig bleiben*

3 – Konfrontation

→ *in den Unterlagen blättern, dann:*

Wir wissen, dass du beteiligt bist. Du hast folgendes gemacht: ....

→ *eigene Tat-Verantwortung abfragen, Zugeständnisse einholen und fixieren;*
keine Rechtfertigungsstrategien akzeptieren; keine Diskussion beginnen!

Das klingt schlimm. Das ist nicht mehr harmlos, das ist Mobbing! Mobbing ist ein Angriff auf die seelische Gesundheit! Das muss sofort aufhören.

→ *bei Einsicht und/oder erkennbarem Bedauern weiter mit ► Abschnitt 5*

→ *bei störrischem Gesprächsverlauf weiter mit ► Abschnitt 4*

4 – Angebot und Abkehr vom Siegeswillen

Es ist kein juristisches Verfahren. Wir gehen nicht auf Fragen ein nach Zeugen und Beweisen.
Wir verzichten auf die Einsicht und fordern die Umkehr ein.
Wir „schenken" somit den Vorwurf und fordern zur Kooperation auf.
Wir waren nicht dabei. Wenn du es (den Vorwurf nennen) nicht getan/gesagt hast, erwarten wir, dass du (es) „Weiterhin" nicht tust!

→ *möglicher Satz: „Solange du kooperierst, kannst du mitentscheiden, was geschieht."*

→ *beharrlich bleiben!*

5 – Neues Verhalten formulieren lassen

Was kannst du tun, damit wir erkennen, dass (es) nicht mehr stattfindet?

6 – Kooperation einfordern

Was kannst du tun, wenn du andere beim Mobben beobachtest?

7 – Re-Integration anbahnen

Wie wirst du (Name des Opfers) begegnen, wenn du sie/ihn nun das erste Mal wiedersiehst?

8 – Verantwortung übergeben

Wer soll von diesem Gespräch erfahren? Was sagst du, wenn du in die Klasse zurückkommst?

9 – Ausblick und Kontrolle

Wir werden dich (Zeitraum) lang beobachten. Wir sprechen auch mit den anderen über dein Verhalten.
Dann werden wir noch einmal mit euch allen ein Gespräch führen. Bist du damit einverstanden?

(Quelle: Taglieber, Walter (2005): „Berlin-Brandenburger Anti-Mobbing-Fibel. Was tun wenn", Landesinstitut für Schule und Medien Berlin-Brandenburg (LISUM), S. 21 – Online-Broschüre auf http://bildungsserver.berlin-brandenburg.de/themen/mobbing/)

Eltern in akuten Mobbingsituationen beraten

Schulen sollten deutlich machen, dass sie sich mit dem Thema Mobbing auseinandersetzen und bei akuten Fällen intervenieren, um das Mobbing so schnell wie möglich zu stoppen. Dazu gehört auch, dass sie Eltern von gemobbten Kindern beraten. Kindler (2013) führt dazu folgende Ratschläge an:

Info

Ratschläge für Eltern in akuten Mobbingsituationen

Wie Eltern ihr Kind schützen und unterstützen können

- das Kind mit seinem Anliegen **ernst nehmen**
- **aufmerksam sein und zuhören:** das Gespräch mit dem Kind suchen und ihm das Gefühl geben, nicht allein zu sein
- **sensibel und verständnisvoll** auf mögliche Veränderungen des Kindes reagieren, wie bspw. agressive Verhaltensweisen, Zurückziehen, Ängste
- **gelassen bleiben**
- gemeinsam mit dem Kind die **Fakten sammeln** und das Kind ermutigen, ein **Mobbingtagebuch** zu führen (► siehe Anhang, S. 104)
- die **Lehrer** (Klassenlehrer, Beratungslehrer oder Schulpsychologe) möglichst genau und sachlich **informieren**; Fokussierung auf die Lösung des Problems und Hilfe für das Kind
- das Kind **coachen**: sich gemeinsam mit dem Kind überlegen, wie es auf Angriffe reagieren kann und andere Verhaltensweisen üben
- das **Selbstbewusstsein** des Kindes **stärken**
- für **alternative Erfolgserlebnisse sorgen**: Wird ein Kind gemobbt, ist wichtig, dass es woanders Wertschätzung erfährt (in der Familie, beim Sport, beim Spielen mit anderen Kindern).

Was Eltern besser vermeiden sollten

- **Schuldvorwürfe** an sich selbst oder an das Kind
- **panische** und/oder **übereilte Reaktionen**
- **zu viel Mitleid:** hierbei besteht die Gefahr, dass das Kind seine Leidensrolle ausbaut, um positive Zuwendung zu erfahren.
- **übermäßiges Behüten und Beschützen**
- **Appell** an das Kind, **sich zu wehren**
- **Aufforderungen** an die Lehrer, **andere Kinder zu strafen**
- **Kontakt zu den Eltern der Mobber**
- **Selbstjustiz:** kein **direktes Einwirken** auf die Mobber selbst
- bei Cybermobbing: **Handy- oder Internetverbote**

Nur wenige Mobbingfälle lassen sich schnell und unkompliziert beilegen. Bei schwerwiegenden Fällen ist dies nicht möglich. Hier sollten Sie die Eltern der Betroffenen (Täter und Opfer) über die Mobbingvorfälle und das weitere Vorgehen informieren und sie auffordern, die Schule bei den Maßnahmen zu unterstützen.
Um das Mobbing vollständig und dauerhaft zu beenden, sind **Gespräche** erforderlich, die sich in der Praxis oftmals als sehr **schwierig** erweisen. Wenn das eigene Kind Opfer von Mobbing wird oder andere Kinder schikaniert, ausgrenzt oder verprügelt, geraten die Eltern unter Druck. Die Eltern von gemobbten Kindern agieren aus ihrer Betroffenheit, Besorgnis, Wut, ihrem Ärger oder ihrer Enttäuschung über die Schule heraus oftmals unsachlich, impulsiv und aggressiv. Sie fordern Aufklärung und ein sofortiges Beenden des Problems und stellen somit große Erwartungen an die Lehrkräfte der Schule. Die Eltern der Täter befürchten häufig, als schlechte Erzieher dazustehen, oder haben Angst davor, dass ihr Kind als charakterlich schlechter Schüler stigmatisiert wird. Daher kommt es nicht selten vor, dass sie die Taten ihres Kindes bestreiten („Mein Kind macht so etwas nicht!"), sie

verteidigen und/oder zum Gegenangriff übergehen. So kann es vorkommen, dass sie nach Beweisen verlangen oder die Beschuldigungen ihres Kindes als persönliche Abneigung der Lehrer oder Ausländerfeindlichkeit werten. Auch Vorwürfe der Eltern, dass Lehrer ihrer Dienstpflicht nicht genügend nachgekommen sind und es daher zu Übergriffen gekommen ist, sind nicht selten. Aber es gibt auch Eltern, die die Schuld ausschließlich bei sich suchen und voller Selbstvorwürfe reagieren („Was habe ich falsch gemacht?"). Beide „Elterntypen" machen die anstehende Mobbingarbeit nicht einfach. Stellen Sie sich auf solche Schwierigkeiten und Widerstände ein und vermeiden Sie, die Gespräche am Telefon zu führen. Laden Sie die Eltern in die Schule ein. Zeigen Sie bei den Gesprächen eine betont **sachliche Vorgehensweise**. Stellen Sie den Schüler nicht als Bösewicht dar und vermeiden Sie bei der Darstellung der Vorfälle eigene Wertungen, Moralisierung oder Schuldzuweisungen an die Eltern. Dies hilft allen Beteiligten, den **Blick auf die Lösung** der akuten Mobbingsituation zu richten und nicht vorschnell zu urteilen. Machen Sie deutlich, dass das Schikanieren schnellstmöglich aufhören muss und dass eine Unterstützung seitens der Täter-Eltern zur Verhaltensänderung des Sohnes/der Tochter notwendig ist.

Hilfen für Mobbingopfer

Opfer von Mobbing sind in der Regel nicht in der Lage, ihre Situation selbst zu verändern. Sie benötigen Ihre Hilfe. Versuchen Sie, deutlich zu machen, dass sie selbst nicht schuld am Mobbing sind und das Verhalten der Täter falsch ist. Klären Sie in Gesprächen darüber auf, dass Mobbing und Cybermobbing selbst zwar kein Straftatbestand sind, einzelne Mobbinghandlungen jedoch sehr wohl rechtswidrig und strafbar sein können. So können viele Tatbestände, wie z. B. Nötigung, Drohung, Erpressung, Körperverletzung oder das unerlaubte Veröffentlichen von Personenfotos, auch zu strafrechtlichen Folgen führen.

Ermutigen Sie gemobbte Schüler, sich folgendermaßen zu verhalten:

Info

Hilfen für Mobbingopfer

- Vorfälle beim Klassen-/Vertrauenslehrer, bei der Schülervertretung oder der Schulleitung melden
- über die Situation und die Übergriffe offen berichten
- die eigenen Gefühle (Wut, Ärger, Ohnmacht) beschreiben
- die Übergriffe genau protokollieren, bspw. in einem Mobbingtagebuch (► siehe Anhang, S. 104)
- sich Unterstützer in der eigenen oder anderen Klassen suchen
- die Täter auffordern, das unerwünschte Verhalten zu unterlassen – wenn den Opfern dies mündlich schwerfällt, können sie auch schriftlich an die Täter appellieren
- unsichere Orte meiden oder in Begleitung eines Mitschülers aufsuchen
- außerschulische Interessen und Hobbys aufbauen oder weiterverfolgen
- Dinge unternehmen, die Spaß machen und Anerkennung geben

Bei gravierendem Mobbing:

- sich professionelle Hilfe suchen (Beratungsstellen, Internet)
- die Polizei einschalten und Übergriffe anzeigen

Im Fall von Cybermobbing bieten viele Betreiber sozialer Netzwerke, Chatrooms und Videoportale inzwischen die Möglichkeit, Vorfälle zu melden. Die Kopiervorlage „Cybermobbing: Wie kontaktiere ich Service-Anbieter?" (► siehe Kapitel 3, S. 60 f.) klärt Schüler darüber auf, wie das geht.

Wenn nichts anderes hilft, gibt es verschiedene Stufen rechtlicher Mittel gegen Cybermobbing:

Info

Rechtliche Mittel gegen Cybermobbing

- » **Informelle Aufforderung:** Meist genügt es, den Mobbenden formlos im Gespräch, per Brief oder E-Mail aufzufordern, sein Tun zu unterlassen. Dabei ist auf jeden Fall eine Frist zu setzen, innerhalb derer die Beleidigung online zu löschen ist.
- » **Abmahnung:** Fruchtet die informelle Aufforderung nicht, ist eine förmlichere Abmahnung in einem Brief geboten – als eine Art letzte Warnung. Darin muss klipp und klar stehen, welches Verhalten als Mobbing empfunden wird und dass es aufzuhören hat. Außerdem ist die Abmahnung mit der Aufforderung verbunden, dass der Angeschriebene eine rechtsverbindliche Erklärung abgibt, dass er sein Verhalten künftig unterlässt.
- » **Unterlassungsklage:** Bleibt auch die Abmahnung erfolglos, können Betroffene vor Gericht erstreiten, dass der Mobbende sein Tun unterlassen muss. Klageverfahren dauern allerdings bis zu einem Jahr.
- » **Einstweilige Verfügung:** Als Notverfahren für eilige Fälle können Betroffene bei drastischen Cybermobbing-Attacken eine einstweilige Verfügung beantragen. Dabei kann ein Gericht das Unterlassen des Mobbings innerhalb von einem bis drei Monaten anordnen.

(Quelle: Bildungsportal des Landes NRW auf www.schulministerium.nrw.de/docs/AusSchulen/Themenschwerpunkte-Serien/Mobbing/Rechtliche-Mittel-gegen-Cybermobbing/index.html)

Anhang:

Beobachtungsbogen zur Gruppenarbeit

Deine Aufgabe ist es, die Gruppe genau zu beobachten. Verfolge, wie die Gruppe bei der Lösung der Aufgabe vorgeht, und höre den Gesprächen untereinander zu. Achte darauf, dass du dich selbst nicht einmischst, sondern wirklich nur beobachtest.

Lies dir die Fragen aus dem Beobachtungsbogen durch und versuche, sie möglichst genau zu beantworten. Versuche dabei **objektiv** zu sein, d.h. dich nicht von deinen Gefühlen bestimmen zu lassen, sondern die Situation sachlich und unparteiisch zu beschreiben.

Meine Beobachtungen

1. Beschreibe, wie die Gruppe vorgeht. Wie kommen Entscheidungen zustande?	
2. Wie viele Gruppenmitglieder beteiligten sich an der Lösung?	
3. Werden alle (auch ruhige) Gruppenmitglieder einbezogen? ☐ Ja ☐ Nein Wie?	
4. Wie werden Uneinigkeiten gelöst?	
5. Wie gut hält sich die Gruppe an die vorgegebenen Regeln?	
6. Gibt es einen Unterschied zwischen männlichen und weiblichen Gruppenmitgliedern? Welchen?	
7. Gibt es einen Gruppenleiter? ☐ Ja ☐ Nein Wie wurde dieser zum „Chef"?	
8. Wie war die Stimmung während der Arbeit?	
9. Das ist mir noch aufgefallen/Notizen zu einzelnen Gruppenmitgliedern:	

Achtung! Nicht immer lassen sich alle Fragen bei einer Übung beantworten!

ISBN 978-3-8346-2932-6 | www.verlagruhr.de

Storyboard

Ein „Storyboard" (engl. = Szenenbuch, Ablaufplan) ist ein gezeichnetes Drehbuch und hilft euch dabei, die einzelnen Szenen von einem Handyclip, Film oder Theaterstück zu planen.

Tipp: *Denkt euch gemeinsam eine kurze, spannende Geschichte zum Thema aus, die in nur wenigen Sätzen/Bildern zu erzählen ist. Konzentriert euch auf das Wesentliche und einigt euch auf nur wenige Figuren und Schauplätze.*

Storyboard zu dem Projekt (Thema): ....

Inhalt (Kurzbeschreibung): ....

Mitwirkende Personen und Rollen: ....
(Wer spielt wen?)

Bild/Szene-Nr.:	Szenenbeschreibung:
	Gesprochener Text/Dialog:
Notiz/Ton:	

Bild/Szene-Nr.:	Szenenbeschreibung:
	Gesprochener Text/Dialog:
Notiz/Ton:	

Bild/Szene-Nr.:	Szenenbeschreibung:
	Gesprochener Text/Dialog:
Notiz/Ton:	

ISBN 978-3-8346-2932-6 | www.verlagruhr.de

Mobbingtagebuch

In einem Mobbingtagebuch kannst du deine Erlebnisse aufschreiben – am besten noch am selben Tag, so fällt es dir leichter, dich an den Ablauf und alle Einzelheiten genau zu erinnern. Diese Notizen können dir zur Beweissicherung dienen.

Spricht man Mobber auf ihr Verhalten an, so streiten sie die Vorfälle oft ab oder stellen ihre Taten ganz anders dar. Vielleicht geben sie sogar dir die Schuld. Dann ist es gut, wenn du genau aufgeschrieben hast, was passiert ist und wer was mit dir gemacht hat. Ebenso solltest du notieren, ob es Zeugen gibt und welche Folgen das Mobben für dich hatte, z. B. beschädigte Gegenstände, blaue Flecken oder Arztbesuche.

Das Mobbingtagebuch kannst du beim Gespräch mit einer Vertrauensperson dazu verwenden, um auf deine Notizen zurückzugreifen und den Vorfall genau so darzustellen, wie du ihn an dem Tag erlebt hast. Vielleicht kann es dir auch dabei helfen, deine Erlebnisse zu verarbeiten.

Diese Informationen sollte das Tagebuch beinhalten:

Mobbingtagebuch

Datum: .... Uhrzeit: .... Ort: ....

Beteiligte Personen (→ Wer hat dich gemobbt?)

....

Zeugen und/oder Beweismittel (→ Welche Personen haben den Vorfall mit angesehen? Gibt es evtl. Beweismittel?)

....

Vorfall (→ Was genau ist passiert? Was hat der Mobber/haben die Mobber gemacht? Wie hast du reagiert? Hat dich jemand unterstützt?)

....

....

....

Folgen (→ Welche Folgen hatte der Vorfall für dich? Wurdest du oder wurden Sachen von dir beschädigt? Was hast du dabei empfunden?)

....

....

....

....

ISBN 978-3-8346-2932-6 | www.verlagruhr.de

Schrittfolge: Gegen das Mobbing (1/2)

Im Folgenden finden Sie eine übersichtliche Zusammenstellung der wichtigsten Schritte, die bei einem konkreten Mobbingfall unternommen werden können. Eine vollständige Umsetzung des Programms ist weder immer zu leisten noch immer erforderlich. Wägen Sie je nach Fall ab und entscheiden Sie individuell, welche Schritte in welchem Umfang durchgeführt werden müssen bzw. können.

1. Basis ist die Grundhaltung, jede Beschwerde über Mobbing ernst zu nehmen. Dann die **Klärung** der folgenden Fragen: *Handelt es sich wirklich um Mobbing? Welche Formen hat das Mobbing angenommen? Wie lange dauert es an? Wer sind Täter, wer ist Opfer? Was ist noch unklar?*
2. **Sicherung** des Tatbestandes: Protokollieren Sie alle relevanten Erkenntnisse, evtl. mit einem Hinweis, von wem Sie die Informationen wann erhalten haben. Bei Widersprüchen und Ableugnen von Mobbing können Sie (zusammen mit einem Kollegen) Einzelgespräche mit Täter, Opfer und Schülern Ihres Vertrauens führen und/oder Protokolle von den Betroffenen und verantwortungsbewussten Schülern unter Klassenarbeitsbedingungen anfertigen lassen.
3. Der **Schutz** des Opfers soll zunächst verhindern, dass die Täter weiter mobben oder das Mobbing eskaliert. Bieten Sie dem Opfer an, dass es Sie jederzeit erreichen kann und soll, falls es zu weiteren Übergriffen kommen sollte. Warnen Sie die Täter vor verschärften Konsequenzen, die weitere Übergriffe mit sich ziehen würden.
4. **Informieren** Sie so früh wie möglich die Schulleitung und die betroffenen Kollegen. Sprechen Sie mit ihnen das weitere Vorgehen detailliert ab. Bei gravierendem Mobbing sollten Sie unbedingt auch die Eltern des Opfers und der Täter informieren.
5. **Bewerten** Sie das Mobbing. Ist es so gravierend, dass eine Sanktion unvermeidlich ist? Oder hat es sich in einem Rahmen und in einer Form abgespielt, die anzeigen, dass das Mobbing relativ schnell und unkompliziert beizulegen ist? In diesem Fall sollte man abwägen, wie ausführlich eine allgemeine Elterninformation notwendig ist und auf welche der folgend vorgeschlagenen Maßnahmen zu verzichten ist.
6. **Sanktionen** sind, besonders wenn sie zu Ordnungsmaßnahmen führen, gründlich vorzubereiten. Sanktionen machen nur dann Sinn, wenn sie als Strafe wahrgenommen werden und wirken. Bei gravierenden Regelverletzungen kann nicht auf Sanktionen verzichtet werden. Sie schaffen sonst Präzedenzfälle. Bei eindeutig kriminellen Delikten sollten Sie erwägen, die Taten anzuzeigen.
7. **Verhindern** Sie die Interventionen der Eltern des Opfers. Warnen Sie das Opfer davor, sich eskalierend zu wehren. Versuchen Sie auch nicht, Mobbing durch eine Schülerschlichtung beenden zu lassen.
8. In der **Klasse** sollte Mobbing entzaubert werden. Es ist nicht Ausdruck von Stärke, sondern von Egoismus und Rücksichtslosigkeit. Machen Sie die Zuschauer zu Akteuren. Das kann über eine allgemeine Selbstverpflichtung zum Eingreifen geschehen oder über konkrete, individuelle Aufgaben, dem Opfer beizustehen oder gegebenenfalls Hilfe zu holen. Treffen Sie mit allen Beteiligten verbindliche Vereinbarungen, die Sie zu einem verbindlichen Termin überprüfen werden. Entwickeln Sie in der Klasse neue Strukturen, durch die Bildung eines **Klassenrates** und durch **Helfersysteme**. Hier hat sich das Coaching besonders bewährt. In bestimmten Mobbingfällen ist ein Versöhnungsgespräch eine weiterführende Strategie. Trainieren Sie, wenn möglich, Interventionsstrategien. Aufklärung gegen Mobbing kann präventiv wirken, ebenso gruppenstärkende Projekte.

ISBN 978-3-8346-2932-6 | www.verlagruhr.de

Schrittfolge: Gegen das Mobbing (2/2)

9. Schärfen Sie allen Schülern Ihrer Klasse ein, dass sie sich **Verbündete** gegen das Mobbing suchen sollen. Das können Mitschüler, Lehrer, Schülervertreter, Sozialarbeiter oder Eltern sein.

10. **Kooperation im Kollegium** ist ein unverzichtbarer Baustein der Antimobbingarbeit. Wenn die Kollegen auf der Basis agieren, dass gegenseitiger Respekt ein Wert ist, der gemeinsam durchzusetzen ist, kann Mobbing effektiv begegnet werden. Kooperation umfasst den Austausch über das Klassengeschehen und Fehlentwicklungen, über gemeinsame Interventions- und Sanktionsstrategien, die möglichst von allen verbindlich einzuhalten sind. Überlegen Sie, welche neuen Kooperationsstrukturen in Ihrer Schule möglich sind und welche Sie einführen wollen. Schlagen Sie diese Konzepte engagiert vor.

11. **Elternarbeit** ist unverzichtbar bei gravierendem Mobbing. An einem Elternabend können Sie über die Vorfälle in der Klasse aufklären und um Unterstützung für die schulischen Maßnahmen gegen Mobbing bitten. Die Eltern des Opfers sollten beeinflusst werden, den Fall nicht zu dramatisieren, das eigene Kind nicht in eine Leidensrolle zu drängen, mit dem Kind konkrete Schritte zu planen, die ihm helfen, das Mobbing zu überwinden, und sie sollten beeinflusst werden, auf jede Form der Selbstjustiz und Intervention zu verzichten. Die Eltern der Täter sollten Sie überzeugen, dass sie nicht das Mobbing herunterspielen, was zu einer Wiederholung des Fehlverhaltens führt, sondern dass sie die schulischen Maßnahmen gegen Mobbing unterstützen, weil diese letztlich ihrem Kind nutzen. Die Eltern helfen ihrem Kind, wenn sie ihm das Fehlverhalten klarmachen. Lassen Sie sich auf keinen Fall von Drohungen einschüchtern.

12. Das **Opfer** sollte so schnell wie möglich zum Subjekt seiner Handlungen werden. Aktivieren Sie es, helfen Sie ihm, eigene Strategien zu entwickeln, lösen Sie es aus der Opferrolle. Verändern Sie die Blickrichtung des Opfers. Es soll nicht danach Ausschau halten, von wem es bedroht wird, sondern darauf achten, wer die Übergriffe ablehnt und wer es unterstützen könnte. Schlagen Sie seinen Eltern Maßnahmen vor, die ihm helfen, das Selbstbewusstsein zurückzugewinnen. Wenn das Opfer sozial schädliche Verhaltensweisen zeigt, bitten Sie es um eine Verhaltensänderung, allerdings ohne ihm Schuldbewusstsein zu vermitteln. Reflektieren Sie gemeinsam mit Ihren Kollegen Maßnahmen, die helfen, das Opfer in die Klasse zu reintegrieren.

13. Die **Täter** sollten unbedingt davon abgehalten werden, weiterzumobben. In einem Konfrontationsgespräch sollte ihnen die Einsicht vermittelt werden, dass es ihre Entscheidung war, zu mobben, und der Anlass nicht in der Person des Opfers liegt. Durch die Trennung von Person und Verhalten können Sie erreichen, dass die Täter Sie weiter als Gesprächspartner akzeptieren. Die Täter sollten nicht stigmatisiert, sondern mit Respekt behandelt werden, auch wenn sie diesen Respekt nicht gegenüber ihrem Mitschüler aufbringen konnten. Den Tätern sollte klar sein, dass erneutes Mobbing für sie mit erheblichen Konsequenzen verbunden ist.

14. Die **Nacharbeit** ist bei Mobbing, einer lang andauernden Gewaltform, die Gewohnheiten geschaffen hat, besonders wichtig. Fragen Sie bei den Beteiligten nach, ob das Mobbing wirklich beendet worden ist.

15. Die beste Intervention gegen Mobbing ist die **Prävention**. Überlegen Sie mit Kollegen, welche Strukturen an Ihrer Schule machbar und geeignet sind, um dauerhaft schulischem Mobbing entgegenzuwirken.

(Quelle: Kindler 2009, S. 123 ff.)

ISBN 978-3-8346-2932-6 | www.verlagruhr.de

Gesprächsprotokoll
für das Erstgespräch mit dem Opfer

Datum: .... Gesprächsführer: ....

Name des Schülers/der Schülerin: .... Klasse: ....

Bitte **beschreibe die Übergriffe** möglichst genau. Was machen deine Mitschüler mit dir? Nenne Beispiele!	
Wann haben die Übergriffe angefangen?	
Wie oft finden die Übergriffe statt?	
Wer ist an den Übergriffen **beteiligt**?	
Welche Mitschüler haben das Vorgefallene **beobachtet**?	
Welche Schüler **helfen** dir?	
Wie hast du dich bislang **gewehrt**?	
Hast du dem Schüler/den Schülern **gesagt**, dass sie mit den Übergriffen **aufhören** sollen? Wenn ja: Wie haben sie reagiert?	
Was haben deine **Lehrer** von den Übergriffen **bemerkt**?	
Wie reagieren deine **Mitschüler**?	

....

(Ort, Datum) *(Unterschrift Gesprächsführer)*

(In Anlehnung an Kindler 2009, S. 29)

ISBN 978-3-8346-2932-6 | www.verlagruhr.de

Protokoll zur Konfliktbeschreibung

Datum des Konflikts: .... Protokollführer: ....

Name der Beteiligten/Klasse:	
Person 1:	Person 2:
Person 3:	Person 4:
Weitere Personen, die den Vorfall mit angesehen haben:	

Ort des Konflikts: ....

Auslöser des Konflikts:

- ☐ Beleidigung, Beschimpfung
- ☐ körperliche Auseinandersetzung, Gewalt
- ☐ Erpressung
- ☐ Wegnehmen eines Gegenstandes
- ☐ Bloßstellung
- ☐ Verbreiten von Lügen
- ☐ Bedrohung
- ☐ Sachbeschädigung

☐ Sonstiges: ....

Konfliktbeschreibung (Das ist passiert):

....

....

....

....

....

....

....

Folgen des Konflikts:

....

....

....

....

....

(Ort, Datum) *(Unterschrift Protokollant)*

ISBN 978-3-8346-2932-6 | www.verlagruhr.de

Elternbrief-Beispiel:
Einladung zum Elternabend

Briefkopf der Schule

Empfänger
Straße
Ort

Datum

Sehr geehrte Eltern und Erziehungsberechtigte der Klassen 5,

das Thema (Cyber-)Mobbing findet seit einiger Zeit in der Öffentlichkeit immer mehr Aufmerksamkeit, da es zu einem ernst zu nehmenden Problem sowohl am Arbeitsplatz als auch in der Schule geworden ist. Bei den Betroffenen kann sich dies nicht nur auf ihre Lern- und Leistungsfähigkeit stark auswirken, sondern auch zu schweren gesundheitlichen Folgen führen. Die Lehrerinnen und Lehrer unserer Schule sind der Meinung, dass wir uns des Themas verstärkt annehmen müssen. Zusammen mit Ihnen möchten wir daran mitwirken, dass Mobbing schnell gestoppt und idealerweise bereits im Vorfeld verhindert werden kann. Welche Ideen und Maßnahmen wir dazu an unserer Schule entwickelt haben, darüber möchten wir Sie gern informieren. Deshalb laden wir Sie ganz herzlich zu folgender Veranstaltung ein:

(Cyber-)Mobbing an unserer Schule – Wir tun was dagegen
Inhalte:
- allgemeine Informationen zum Thema Mobbing und Cybermobbing
- Vorstellung der Umfrageergebnisse zum Schulklima
- Unterrichtskonzept zur Prävention
- Selbstverpflichtung
- pädagogisches Konzept zum Umgang mit Mobbing an unserer Schule

Datum: .... Uhrzeit: .... Ort: ....

Wir freuen uns auf den Abend mit Ihnen.

Mit freundlichen Grüßen

....
(Frau/Herr XXX, Schulleiter/in)   *(Frau/Herr XXX, Stufenleiter/in)*

....
(Frau/Herr XXX, Schulsozialpädagoge/in)

ISBN 978-3-8346-2932-6 | www.verlagruhr.de

Elternbrief-Beispiel:
Aufforderung zur Unterstützung

Briefkopf der Schule

Empfänger
Straße
Ort

Datum

Sehr geehrte Eltern und Erziehungsberechtigte,

wir möchten Sie bitten, uns bei unserer Anti-Mobbing-Arbeit zu unterstützen. Nur gemeinsam kann es uns gelingen, Mobbing an unserer Schule und zu Hause zu vermeiden oder zu beenden, sodass es Ihrem Kind gut geht und es sich wohlfühlt. Achten Sie mit uns auf:

≫ **Änderungen im Verhalten Ihres Kindes**
Seien Sie mit uns achtsam, wenn Sie Änderungen in den Verhaltensweisen Ihres Kindes feststellen. Vielleicht geht Ihr Kind auf einmal ungern in die Schule, klagt oft über Kopf- oder Bauchschmerzen, hat Schlafstörungen, kommt häufiger mit beschädigten oder fehlenden Schulmaterialien nach Hause oder fällt in den Leistungen zunehmend ab und macht keine Hausaufgaben mehr. Oder Ihr Kind geht plötzlich ungern ans Handy oder schließt sich ein, wenn es ins Internet geht. All dies *können* erste Anzeichen von Mobbing sein – müssen es aber nicht. Sprechen Sie mit ihm und zeigen Sie ernsthaftes Interesse und Bereitschaft zur Hilfe. Es kann auch sein, dass Ihr Kind selbst gar nicht direkt betroffen ist. Es leidet aber vielleicht unter einer Mobbingsituation eines Freundes, ist eingeschüchtert oder hat Angst.

≫ **Mediale Aktivitäten Ihres Kindes**
Seien Sie mit uns aufmerksam und beobachten Sie die medialen Aktivitäten Ihres Kindes. Sprechen Sie mit ihm über seine Internetnutzung: Zeigen Sie Interesse und unterstützen Sie Ihr Kind dabei, das Internet verantwortungsvoll zu nutzen. Machen Sie deutlich, dass das Internet kein rechtsfreier Raum ist und es wichtig ist, sich auch im Netz an Regeln zu halten. Sprechen Sie auch über die Risiken, die die Internetnutzung mit sich bringt, wie bspw. die Datenweitergabe und die Privatsphäre-Einstellungen.

≫ **Einhaltung der „Selbstverpflichtung"**
Sprechen Sie mit Ihrem Kind über die beiliegende „Selbstverpflichtung – Gegen Mobbing und Cybermobbing" und ermutigen Sie es zu einem couragierten Eingreifen und Handeln.

Bitte setzen Sie sich mit uns in Verbindung, wenn Sie zu diesem Thema ein Gespräch wünschen. Auch wir werden uns an Sie wenden, wenn wir Auffälligkeiten feststellen.

Mit freundlichen Grüßen

....

(Schulleitung)

ISBN 978-3-8346-2932-6 | www.verlagruhr.de

Selbstverpflichtung

Briefkopf der Schule

Selbstverpflichtung

Gegen Mobbing und Cybermobbing

Wir, die Schülerinnen und Schüler der ....,
(Name der Schule)

verpflichten uns zu einem gewaltfreien, fairen und respektvollen Umgang miteinander und achten gemeinsam darauf, dass niemand ausgeschlossen wird.

Bei (Cyber-)Mobbing schauen wir nicht weg, sondern werden aktiv
Wenn wir mitbekommen, dass ein Schüler/eine Schülerin direkt oder im Internet beleidigt, angegriffen oder verletzt wird, werden wir dazu beitragen, dass das Mobbing gestoppt wird, indem wir

- eingreifen und versuchen, zu schlichten.
- der Person beistehen – sie ansprechen und ermutigen, den Vorfall zu melden.
- Hilfe holen.
- Lehrer/Schulsozialarbeiter/Schülervertreter/Eltern informieren.

Wir wissen, wer uns unterstützt und hilft
Wir wissen, dass wir uns insbesondere auch an folgende Personen wenden können:

....
(Mobbingbeauftragter der Schule)

....
(Vertrauens-/Beratungslehrer)

....
(Sozialpädagoge)

Beim Verstoß gegen diese Regeln werden unsere Eltern informiert und wir haben mit Konsequenzen zu rechnen.

....
(Ort, Datum) *(Unterschrift)*

ISBN 978-3-8346-2932-6 | www.verlagruhr.de

Bildmaterial

- Bilderbox „Konfliktgeschichten"; CD-ROM Konflikte XXL. Verein für Friedenspädagogik, Bundeszentrale für politische Bildung, Aktion „Brot für die Welt".

Lektüren

Zu Mobbing

- *Kindler, W.*: **Dich machen wir fertig!** Verlag an der Ruhr, Mülheim an der Ruhr 2007. Geeignet für die Altersstufen 12–16 Jahre.
- *Slee, C.*: **Schrei in der Stille.** ARENA-Taschenbuch/ Reihe LIFE, 2011. Geeignet für die Klassenstufen 7–9.
- *Theisen, M.*: **Täglich die Angst.** cbt/cbj Verlag, 2007. Geeignet für die Klassenstufen 8–9.
- *Thor, A.*: **Ich hätte Nein sagen können.** Beltz, [9]2013. Geeignet für die Altersstufen 11–12 Jahre.

Speziell zu Cybermobbing

- *Blobel, B.*: **Böses Spiel.** cbt-Jugendbuch, 2009. Geeignet für die Klassenstufen 8–10.
- *Linker, C.*: **Blitzlichtgewitter.** dtv pocket, 2008 – Ausgezeichnet mit dem Hansjörg Martin Kinder- und Jugendkrimipreis 2009. Geeignet für die Altersstufen 14–16 Jahre.

Spiel

- **Mobben-Stoppen-Spiel – Mobbing erkennen, verstehen und handeln.** Manfred Vogt Spieleverlag, [2]2011. Das Spiel vermittelt Wissen über Mobbing und dessen Wirkung und erzeugt Verständnis für Mobbingsituationen und deren Bewältigung. Geeignet für die Altersstufen 5–18 Jahre.
- **Mobbolo – Spielend gegen Mobbing.** Ein Spiel aus der Schweiz, das mit gezielten Fragen an die Mitspieler zum Nachdenken und besseren Umgang anregt. Gespielt wird mit 2–6 Personen, etwa ab dem 8. Lebensjahr.

Programme und Projekte

- www.buddy-ev.de
  Projekt der Vodafone-Stiftung zur Gewaltprävention und Förderung positiver Umgangs-, Lehr- und Lernkultur in Schulen. Es werden auch Fortbildungen für Lehrer angeboten.
- www.fairplayer.de
  Das „fairplayer.manual" ist ein Programm zur Förderung von sozialen Kompetenzen und Zivilcourage – Prävention von Bullying und Schulgewalt.
- www.mindmatters-schule.de
  Ein von den Krankenkassen initiiertes Programm zur Förderung der psychischen Gesundheit an Schulen (Primarstufe und Sek I). Das Unterrichtsheft „Mobbing? Nicht in unserer Schule!" zeigt verschiedene Möglichkeiten zur Prävention und Handlungsstrategien auf.
- www.miteinandern.de
  „Stark im MiteinanderN" ist ein gewaltpräventives Programm für Schulen in Westfalen. Das von verschiedenen Trägern initiierte Projekt unterstützt mit vier Projektbausteinen Schulen dabei, ihre Schüler dazu zu bewegen, nicht (mehr) gewalttätig zu sein, zu mobben oder Vandalismus auszuüben.

DVDs, Kurzfilme, Reportagen und Spots

- **„Abseits?!"** Ein Film zur Gewaltprävention für Schüler ab 9 Jahre. Der Film besteht aus sechs jeweils in sich abgeschlossenen Episoden (je 3–4 Min.). Der Film und das Begleitheft für Lehrkräfte können kostenlos über die Polizeidienststellen bezogen werden.
- **„Ben X"** Ein Film über einen Schüler, der aufgrund einer autistischen Persönlichkeitsstörung von zwei Mitschülern so erbarmungslos gemobbt wird, dass er Selbstmord begehen will (Länge 90 Min., FSK: ab 12 Jahren). Ein kostenloses Fimheft mit Arbeitsblättern gibt es von der Bundeszentrale für politische Bildung zum Download im Netz.
- **„Cybermobbing. Ignorieren oder anzeigen?"** Folge 1/2013 der Reihe „Entscheidung im Unterricht", herausgegeben von der Bundeszentrale für politische Bildung. Die Broschüre (inklusive DVD) zeigt auf, welche Rollen es beim Cybermobbing gibt, und sensibilisiert die Jugendlichen dafür, ihre persönlichen Daten zu schützen.

- **„Cybermobbing unter Schülern“** (ZDF-Reihe 37 Grad; Länge 29 Min.) www.youtube.com/watch?v=kit0971EBrk
- **„Escape the fate“** Der Film zeigt Wege aus dem Cybermobbing und dient als Arbeitsgrundlage zum Austausch sowie zur Erarbeitung von Lösungsstrategien. Der DVD ist ein Begleitheft für Lehrer beigefügt mit Hintergrundinformationen zum Thema „Mobbing“. Kostenlos zu beziehen unter info@weisser-ring.de
- **„Gemeinsam allein“** Deutscher Kurzfilm aus dem Jahr 2008 (Länge 20 Min.). Er behandelt die Problematik des Gruppenzwangs und des Happy Slappings. Als Begleitmaterial beinhaltet die DVD Interviews mit Experten aus Prävention, Medienpädagogik, Jugendschutz und Forschung. Bezug über die Landes-, Kreis- und Stadtmedienzentren oder über das Videoportal Vimeo http://vimeo.com/4900786
- **„Hilflos – Der Film“** Nonverbaler Kurzfilm gedreht von Schülern des Gymnasiums Wellingdorf in Kiel. Der Film beschäftigt sich mit dem Problem Mobbing an Schulen und zeigt dessen Konsequenzen für die Opfer auf (Länge 10 Min.). Der Film kann über das Videoportal YouTube® angesehen werden: www.youtube.com/watch?v=qzZunaAXuNU
- **„Knallhart“** Ein Film über Happy Slapping, das Einprügeln auf Menschen, das mit der Handykamera gefilmt und im Internet veröffentlicht wird (Länge 95 Min.; FSK ab 12 Jahren; dt. Filmpreis 2006). Ein kostenloses Filmheft mit Arbeitsblättern gibt es von der Bundeszentrale für politische Bildung zum Download im Netz.
- **„Homevideo“** Ein 15-jähriger Schüler nimmt sich das Leben, nachdem ein selbst aufgenommenes Video einer Masturbationsszene sich übers Internet verbreitet (Länge 90 Min.; FSK ab 12 Jahren; dt. Fernsehpreis 2011). Eine kostenlose Arbeitshilfe mit Arbeitsblättern gibt es von www.filmwerk.de zum Download im Netz.
- **„Let's Fight it Together“** Preisgekrönter englischer Spot mit deutschem Untertitel zum Thema Cybermobbing (Länge 7 Min.). Was geht in einem Menschen vor, wenn er gemobbt wird?
  Der Film kann über YouTube® angesehen werden www.youtube.com/watch?v=hYrDbGzZVUQ
- **„Mobbing 2.0 – außer Kontrolle“** Film über Cyberbullying (Doku-Fiktion; Länge 33 Min.; 2011). Gegen eine Schutzgebühr und Versandkosten kann der Film bestellt werden bei:
  Triangel-Film.Kommunikation.PR, Griegstraße 75, 22763 Hamburg, Tel.: 040-278 626 30
  info@triangel-web.de, www.triangel-web.de
- **„Netzangriff“** Ein SWR-Jugendkrimi zum Thema Cybermobbing (Länge 45 Min.). Der Film kann über YouTube® angesehen werden; ein Lehrerbegleitheft kann im Internet heruntergeladen werden.
- **„Stille Gewalt: Schüler-Mobbing im Internet“** (WDR Reihe Die Story, 17.10.2011; Länge 44 Min.) www.youtube.com/watch?v=DO4E0Ua0EJ4

Printmedien

- *Bach, J./Kratzer, S./Ulrich, D.:* **Trainingsprogramm zur Aggressions-Verminderung bei Jugendlichen.** Kohlhammer, Stuttgart 2008.
- *Bochmann, R./Kirchmann, R.:* **Kooperatives Lernen in der Grundschule. Zusammen arbeiten – Aktive Kinder lernen mehr.** nds Verlag, Essen ²2012.
- *Gugel, G.:* **Handbuch Gewaltprävention II – Für die Sekundarstufen und die Arbeit mit Jugendlichen.** Institut für Friedenspädagogik Tübingen e. V./WSD Pro Child e. V., Tübungen/Sersheim 2010.
- *Hamacher, S.:* **Tatort Schule: Licht ins Dunkel bringen.** tredition GmbH, Hamburg 2013.
- *Hoffmann, C.:* **Eine Klasse – ein Team! Methoden zum kooperativen Lernen.** Verlag an der Ruhr, Mülheim an der Ruhr 2009.
- *Jannan, M.:* **Das Anti-Mobbing-Buch. Gewalt an der Schule – vorbeugen, erkennen, handeln.** Beltz, Weinheim/Basel ³2010.
- *Kasper, H.:* **Mobbing in der Schule. Probleme annehmen, Konflikte lösen.** AOL, Lichtenau 1998.
- *Kasper, H.:* **Wer mobbt, braucht Gewalt – Das Handbuch für die mobbingfreie Schule.** Süddeutscher Pädagogischer Verlag, Stuttgart 2004.
- *Kindler, W.:* **Schnelles Eingreifen bei Mobbing – Strategien für die Praxis.** Verlag an der Ruhr, Mülheim an der Ruhr 2009.
- *Kindler, W.:* **Schluss mit Mobbing. Fallbeispiele und Handlungsstrategien für Schüler, Eltern und Lehrer.** Verlag an der Ruhr, Mülheim an der Ruhr 2013.
- *Leymann, H.:* **Der neue Mobbing-Bericht. Erfahrungen und Initiativen, Auswege und Hilfsangebote.** Rowohlt, Reinbeck 1995.
- *Olweus, D.:* **Gewalt in der Schule. Was Lehrer und Eltern wissen sollten – und tun können.** Huber, Bern 2008.
- *Pöhm, M.:* **Schlagfertig auf dem Schulhof: Anti-Mobbing – Wie man Großmäulern clever Paroli bietet.** Pöhm Seminarfactory 2011.
- *Scheithauer, H./Dele Bull, H.:* **fairplayer.manual. Förderung von sozialen Kompetenzen und Zivilcourage – Prävention von Bullying und Schulgewalt.** Vandenhoeck & Ruprecht, Göttingen 2008.
- *Zitzmann, C.:* **Alltagshelden – Aktiv gegen Gewalt und Mobbing – für mehr Zivilcourage.** Praxishandbuch für Schule und Jugendarbeit. Wochenschau Verlag, Schwalbach 2007.

„Unterrichtsthema: Jugend und Handy – Ständig vernetzt mit Smartphone & Co."
Die Broschüre von Google und anderen Herausgebern beschäftigt sich mit dem Handy-Nutzungsverhalten von Jugendlichen, dem Umgang mit problematischen Inhalten (wie bspw. Cybermobbing) und mit Möglichkeiten, wie das Smartphone zum Lernen genutzt werden kann.
www.lmz-bw.de/fileadmin/user_upload/Medienbildung_MCO/broschueren/UE_Jugend-Handy.pdf

Internetseiten

(Stand: Juli 2015)

- http://medienbewusst.de
  Informationskampagne, die es sich zur Aufgabe gemacht hat, über die Chancen und Risiken moderner Medien zu informieren und die mediale Kompetenz von Kindern und Jugendlichen zu fördern.
- http://mobbing-schluss-damit.de
  Projekt der „sowieso Pressebüro GbR", das im Rahmen der Initiative „Ein Netz für Kinder" von BKM und BM für Familie, Senioren, Frauen und Jugend gefördert wird. Viele Infos und Tipps rund ums Thema und ein Anti-Mobbing-Chat für Jugendliche.
- www.chatten-ohne-risiko.net
  Informationen zur Online-Kommunikation. Darüber hinaus gibt es Einschätzungen beliebter Communitys, Instant Messenger und Chats sowie Tipps zum sicheren Umgang im Netz.
- www.handysektor.de
  Projekt der Landesanstalt für Medien NRW (LfM) und des Medienpädagogischen Forschungsverbunds Südwest (mpfs) mit Infos für Schüler zu (Cyber-)Mobbing; in der „Pädagogenecke" findet man Erklärvideos und Comic-Flyer zum Thema.
- www.i-kiz.de
  Zentrum für Kinderschutz im Internet. Anlaufstelle für Eltern sowie Kinder und Jugendliche.
- www.klicksafe.de
  Kampagne zur Förderung der Medien-Kompetenz im Umgang mit dem Internet und neuen Medien mit vielen (Unterrichts-)Materialien und Spots zum Thema.

- www.lehrer-online.de
  Gibt man den Suchbegriff „Mobbing" ein, so erhält man vielfältige Informationen, Erfahrungsberichte, Unterrichtsmaterialien und Linksammlungen mit Verlinkung zu Projekten der Länder gegen Mobbing und Gewalt an Schulen.
- www.mobbingberatung.info
  Material und Infos zum Thema Mobbing und Gewalt an Schulen.
- www.netzdurchblick.de
  Internetratgeber für Kinder und Jugendliche (12–16 Jahre) mit vielen Infos und Tipps zur Sicherheit im Internet.
- www.no-blame-approach.de
  Enthält neben Infos zum Thema auch ein breites Angebot an kostenpflichtigen Fort- und Weiterbildungen.
- www.polizei-beratung.de
  Internetangebot der Polizeilichen Kriminalprävention der Länder und des Bundes mit Infos und Tipps zum Thema. Auf der Seite www.time4teen.de können Schüler einen Mobbingtest machen und Beratungsangebote finden.
- www.saferinternet.at
  Initiative im Auftrag der Europäischen Kommission im Rahmen des Safer Internet Programms. Die Seite unterstützt vor allem Kinder, Jugendliche, Eltern und Lehrer beim sicheren, kompetenten und verantwortungsvollen Umgang mit digitalen Medien.
- www.schueler-gegen-mobbing.de
  Internetportal mit umfangreichen Angeboten: von Infos zum Thema Mobbing, Hilfe, Beratung bis hin zu einem Chat und einem Forum. Der Betreiber der Seite, ein ehemaliges Mobbingopfer, beantwortet konkrete Fragen per Mail.
- www.schüler-mobbing.de
  Bietet neben vielen Infos auch ein Mobbingforum, eine (z. T. kostenpflichtige!) Beratung und einen Blog mit authentischen Mobbingfällen und möglichen Lösungen an.

Beratungsplattformen für Kinder und Jugendliche

- http://mobbing-schluss-damit.de
  Informationsangebot von der „sowieso Pressebüro GbR" in Berlin. Die Seite bietet einen Anti-Mobbing-Chat an, bei dem Schüler jeden Donnerstag von 17 bis 19 Uhr mit einem Experten chatten können.
- https://jugend.bke-beratung.de/views/home/index.html
  Die Bundeskonferenz für Erziehungsberatung (bke) bietet sowohl Jugendlichen als auch Eltern professionelle Beratung über das Internet an. Die Beratung erfolgt kostenlos und anonym.
- www.beratung4kids.de
  Kostenlose Beratungsplattform von (jungen) Erwachsenen für Jugendliche bis 21 Jahre. Jugendliche können sich in öffentlichen Foren untereinander und mit Mitgliedern der Beratung 4kids austauschen.
- www.juuuport.de
  Plattform von Jugendlichen für Jugendliche. Im „fooorum" können Jugendliche öffentlich Fragen stellen oder sich persönlich per E-Mail von den 15- bis 21-jährigen juuuport-Scouts beraten lassen.
  Die Beratung ist kostenlos.
- www.save-me-online.de
  Plattform von Erwachsenen mit kostenloser Beratung, die sich ausschließlich an Kinder und Jugendliche richtet. Fragen u. a. zu Mobbing in der Schule, Cybermobbing, ungewollter Zusendung von Pornos, Missbrauch privater Daten und Fotos, Gewalt übers Handy oder anderen sexuellen Übergriffen werden per Mail (nicht telefonisch) beantwortet.
- www.u25-deutschland.de
  Plattform von Jugendlichen für Jugendliche. Jugendliche bis 25 Jahre können sich auf der Projekt-Website anonym anmelden und ihre Sorgen in digitaler Form hinterlassen. Eine E-Mail-Adresse und ein Nickname reichen dafür aus.
- www.youpod.de/life-coaching/e-mail-beratung.html
  Jugendportal mit vertraulicher E-Mail-Beratung. Persönliche Fragen werden an das Düsseldorfer Jugendinformationszentrum zeTT geschickt und innerhalb von 24 bis 48 Stunden beantwortet.
  Unter dem Stichwort „Gewalt" findet man auch Infos zu Mobbing/Cybermobbing.

Beschwerdestellen

- www.internet-beschwerdestelle.de
  Projekt der Freiwilligen Selbstkontrolle Multimedia-Diensteanbieter (FSM) und eco – Verband der deutschen Internetwirtschaft. Über die Seite können rechtswidrige Inhalte im Internet gemeldet werden.
- www.jugendschutz.net/hotline/index.html
  Von den Jugendministern aller Bundesländer gegründete Seite, um jugendschutzrelevante Angebote im Internet zu überprüfen und auf die Einhaltung von Jugendschutzbestimmungen zu achten. Hinweise können an die E-Mail-Adresse hotline@jugendschutz.net oder über das Beschwerdeformular auf der Internetseite gemeldet werden. Auch anonyme Hinweise werden bearbeitet.

Präventionstheater

Im Folgenden sind Theatergruppen/Schauspieler aufgelistet, die sich mit der Problematik Mobbing und Cyber-Mobbing unter Kindern und Jugendlichen beschäftigen (Stand: Juli 2015):

- **Comic On! ist das Tourneetheater für Kinder und Jugendliche, Köln**
  Theaterstück: „r@usgemobbt.de" (www.comic-on.de)
- **Theater Ensemble Radiks, Berlin**
  Theaterstück: „Fake oder war doch nur Spaß" (www.ensemble-radiks.de)
- **Ein Theaterstück zu Cybermobbing und Gewaltfreier Kommunikation, Hamburg**
  Theaterstück: „Mit mir nicht!" (www.mit-mir-nicht.de)
- **Zartbitter – Präventionstheater für weiterführende Schulen, Köln**
  Theaterstück: „click it 2: Gute Seiten – Schlechte Seiten" (www.zartbitter.de)
- **Galli Theater, München**
  Theateraufführungen, Projektwochen, Tageskurse für Schulen zum Thema Mobbing (http://galli-amalienpassage.de)

Vereine

- **Bündnis gegen Cybermobbing e.V.** ist ein Netzwerk von Eltern, Pädagogen, Juristen, Medizinern und Forschern, Cybermobbing, die gegen Gewalt im Netz angehen wollen. Über eine Suchmaske lassen sich sowohl Beratungsstellen aus der Region zum Thema (Cyber-)Mobbing als auch Rechtsanwälte mit besonderem Fachwissen im Internetrecht finden (www.bündnis-gegen-cybermobbing.de).
- **Sprache gegen Gewalt e.V.** nimmt sich des Themas (Cyber-)Mobbing an und hat sich zum Ziel gesetzt, das Selbstwertgefühl von Kindern und Jugendlichen zu stärken und gewaltfreie Kommunikation zu vermitteln (www.sprache-gegen-gewalt.de).